高校思想政治教育工作创新实践

杨小岑 ◎ 著

辽宁人民出版社

图书在版编目(CIP)数据

高校思想政治教育工作创新实践 / 杨小岑著. — 沈阳 :辽宁人民出版社, 2022.11
ISBN 978-7-205-10624-9

Ⅰ. ①高… Ⅱ. ①杨… Ⅲ. ①高等学校 – 思想政治教育 – 研究 – 中国 Ⅳ. ①G641

中国版本图书馆CIP数据核字(2022)第212127号

出版发行：辽宁人民出版社
地址：沈阳市和平区十一纬路25号 邮编：110003
印　　刷：辽宁新华印务有限公司
幅面尺寸：170mm × 240mm
印　　张：12.5
字　　数：200千字
出版时间：2022年11月第1版
印刷时间：2022年11月第1次印刷
责任编辑：张天恒　王晓筱
装帧设计：中知图印务
责任校对：刘再升
书　　号：ISBN 978-7-205-10624-9

定　　价：58.00元

前言

思想政治教育的历史源远流长，它是人类从古至今社会实践的重要内容。中国共产党从诞生之日起，就着手创建自己先进的思想政治工作，通过在实践中不断总结经验，从而形成优良传统。思想政治工作在中国共产党多年的革命和建设实践中，发挥了导向、教育、激励、保证和服务的功能，显示了巨大的威力，是中国共产党强大的政治优势和革命的传家宝。思想政治工作随着理论和实践的发展而成为一门学科，是我国改革开放和现代化建设实践催生的结果。

21世纪，我国高校学生思想政治教育工作面临新的形势：市场化趋势要求其教育内容必须注重有关经济全球化所需要的价值伦理观念培养，增强服务职能；后勤管理社会化，打破了原有的象牙塔式的校园管理模式，就必须构建符合现实要求的校园管理模式；学分制的实行打破了原来的班集体界限，要求增强“全员育人”观念，构建良好的校园文化；网络文化冲击着高校过去已经形成的庞大的学生工作体系，不断呼唤思想政治教育方法的改革，等等。在这样的背景下，我国高校学生思想政治教育应在总结过去有益经验的基础上，结合21世纪新的形势发展和变化，从高校学生思想政治教育工作的模式、内容、方法、队伍建设等方面，更加全面系统地加以探讨和研究。

想要实现中华民族伟大复兴的战略目标，就必须加强对广大公民的思想政治教育。这就迫切需要建立及完善思想政治教育创新制度，从理论的高度掌握思想政治教育的规律，积极开展思想政治教育，使我国早日实现伟大的战略目标，实现中华民族的腾飞。因此在新的形势下，我们要不断加强教育模式和师资队伍建设，加强科学研究和教学管理，提高教学质量，为国家培养出更多更好的思想政治教育专业人才。

高校思想政治教育工作要面向现代化、面向世界、面向未来。我们必须在继承优良传统的基础上，随着形势的发展变化，深入研究新的形势下大学生思想活动的新情况、新特点，深入研究以互联网和新媒体为代表的信息技术，增强思想政治教育工作的时代意识、知识含量和技术理性，努力创新思想政治教育工作的内容、形式、方法、手段和机制，担负起时代赋予思想政治理论工作者和实践工作者的历史使命。

目录

第一章　高校思想政治教育理论概述

第一节　高校思想政治教育的概念

一、思想政治教育概念的提出

1949年中华人民共和国成立后，为了满足我国政治建设和文化建设的需要，也为了鼓励学生能够积极参与到社会主义建设中去，中国共产党充分发挥思想政治工作的优势，通过对学生的思想进行改造，积极进行思想政治教育工作。第一次明确思想政治教育的内涵、任务和要求的会议，是1949年3月在北平召开的中华全国学生联合会第十四次代表大会，会议通过了一项决议——《中国学生运动的当前任务》。

1978年，党的十一届三中全会召开，确立了改革开放的伟大决策。从这一时期开始，我国有关思想政治教育概念的使用就逐渐走向科学化。十一届三中全会之前，有关思想政治教育概念没有严格的界定，多是来自实际工作的需要和现实政策的变化。十一届三中全会之后，紧跟着改革开放的步伐，随着经济改革的进一步深入，也随着学校的进一步发展，加上学科化建设意识的形成，思想政治教育概念才真正得以进一步明确和规范。

改革开放后，1980年5月，第一机械工业部和全国机械工会在北京召开思想政治工作座谈会，第一次提出“思想政治工作应成为一门科学”的重要论断。1983年教育部专门召开政工专业论证会，最后确定学科名称为“思想政治教育学”，专业名称为“思想政治教育专业”，并决定从1984年开始招生。至此，思想政治教育学科正式设立，我国思想政治教育概念得以确立，并为以后的发展奠定了理论基础。

随着思想政治教育学科的设立，思想政治教育真正从“无名有实”到“有名有实”。“思想政治教育”这一概念也成为规范术语，思想政治教育逐步走上科学化、规范化和系统化的发展轨道。自中华人民共和国成立至今，思想政治教育在说法上经历了“宣传工作”“政治工作”“思想工作”“政治思想工作”“思想政治工作”等的发展和转变，虽然这些说法在概念、内容、作用方式和功能导向上有所区别，但是其政治属性是一以贯之的。“思想政治教育”这一概念，日渐成为规范、统一的术语，这样使得思想政治教育研究者开始从不同方面对思想政治教育概念做出定义和分析，思想政治教育的概念也日益明晰起来[①]。

二、思想政治教育内涵的发展

从“思想政治教育”这一概念提出和演变的过程来看，其反映了中国共产党由革命到建设，再到发展整个过程中对思想政治教育工作的不同认识。由思想政治教育这一概念的确立过程，可以反映出任何理论的产生都需要一个从实践上升到认识的过程，需要一个从认识上升到理论的过程。

这也为以后丰富和发展思想政治教育这一理论做出了榜样。这就要求我们在丰富关于思想政治教育概念的内涵时，既要注重与概念演进史之间的联系，同时还要注意克服概念发展史的局限，坚持事实判断与价值判断的统一、社会需要与个体需要的结合、教育内容与教育目标的一致，这样才能使思想政治教育的概念更加合理和完善。

高等教育阶段思想政治教育在我国的发展主要表现在改革开放以后，但是其过程与思想政治教育概念的发展异曲同工。改革开放以来，由于我国经济和社会的巨大发展变化，高等教育阶段思想政治教育的发展可谓跌宕起伏。近年来，随着高校思想政治教育活动和研究的不断深入，有关高校思想政治教育的内涵有了新的发展。从目前研究的情况来看，学者们尽管对高校思想政治教育所涉及的要素表述不尽相同，但对于高校思想政治教育的内涵，学者们都给出了自己的见解和表达，归纳起来较为集中的有以下几点：

（一）活动说

活动说，即表明高校思想政治教育作为一种活动的规定性。有学

①曾齐放．互联网思维下高校学生思想政治教育工作创新研究[J].老字号品牌营销，2020(6)：107-108.

者力图在弱化高校思想政治教育阶级本质的基础上，阐明高校思想政治教育是“使他们形成符合一定社会阶级所需要的思想品德的社会实践活动”。

（二）行为说

行为说，即阐释了高校思想政治教育的一种行为形态。有学者认为高校思想政治教育是一定的阶级或政治集团，为实现一定的政治目标，有目的地对人们施加意识形态的影响，以期达到转变人们的思想、指导人们行动的社会行为。

（三）科学说

科学说，即从定性学科的角度去研究高校思想政治教育的属性。在《国务院学位委员会、教育部关于调整增设马克思主义理论一级学科及所属二级学科的通知》中的定义为“思想政治教育是运用马克思主义理论与方法，专门研究人们思想品德形成、发展和思想政治教育规律，培养人们正确世界观、人生观、价值观的学科”。

（四）功能说

功能说，即揭示高校思想政治教育能产生某种结果。有学者认为高校思想政治教育是“为实现一定的政治目标，有目的地对人们施加意识形态的影响，以期转变人们的思想”。

（五）系统内容说

系统内容说，即高校思想政治教育包含自己独特的内容。有学者认为高校思想政治教育内容的选择是“受社会经济政治文化的制约和影响的，包括思想教育、政治教育、道德教育”。

第二节　高校思想政治教育的理论基础

一、马克思主义哲学的世界观和方法论

马克思主义哲学是人类以往科学和哲学思想发展的光辉结晶，是整个马克思主义的重要组成部分，马克思主义哲学即辩证唯物主义和

历史唯物主义，是以整个世界作为自己的研究对象，揭示自然界、社会和人类思维发展的一般规律的科学，是人们认识世界、改造世界的强大思想武器，是无产阶级及其政党完整而彻底的世界观和方法论。恩格斯说："不管自然科学家采取什么样的态度，他们还是得受哲学的支配，问题只在于：他们是愿意受某种坏的时髦哲学的支配，还是愿意受一种建立在通晓思维的历史和成就的基础上的理论思维的支配。"思想政治教育学是关于人的思想和行为变化规律以及如何根据这一规律有效地进行思想政治教育工作的一门科学，思想政治教育工作是做人的工作的，在人的问题上，最根本的问题是世界观问题，思想政治教育学所阐述的理论，是马克思主义哲学原理的具体运用，辩证唯物主义和历史唯物主义的基本原理贯穿于思想政治教育的全过程，因此马克思主义哲学理所当然也应当作为思想政治教育学的研究指南和理论基础[①]。

辩证唯物主义最基本的原理，是物质第一性、意识第二性，物质决定意识，意识对物质具有能动的反作用。毛泽东同志说过："人们的社会存在，决定人们的思想。而代表先进阶级的正确思想，一旦被群众掌握，就会变成改造社会、改造世界的物质力量。"人类不同于其他动物的特点，就在于人是有意识的，人们是通过自己的意识来认识世界和改造世界的。这就是人的主观能动作用，这就是人的意识对客观世界的反作用。不承认或低估意识的反作用和能动作用是错误的。但是，马克思主义强调意识的反作用，与唯心主义夸大意识的作用有本质的区别。马克思主义经典作家反复强调，在经济因素与社会意识的交互作用中，经济运动归根结底是作为一种必然的东西出现而推动社会发展。在这个前提下，马克思主义强调先进社会意识的作用，强调理想的作用，并且把它看作是发展无产阶级意识的主要手段。

因此，用先进的、科学的思想教育和武装广大人民群众，提高人民群众认识世界和改造世界的能力，引导人民群众为实现远大的社会理想而奋斗，就成了无产阶级实现历史使命的客观要求。在实际工作中，"思想领先"是意识能动作用的重要表现。如果正确的思想领先，就会使工作取得成效，相反就可能失败。同时，尽管有正确意识，也不能保

①范巧，项肖．新时代高校学生思想政治教育的创新发展路径[J]．中国冶金教育，2020(3)：92-94.

证人人都能自始至终地自觉运用它来支配行动。因此，正确理论要发挥自己的作用，必须深入实际，相信群众、依靠群众、说服和教育群众，这正是思想政治教育的作用和目的。思想政治教育要求“思想领先”这个辩证唯物主义的原则，使马克思主义的先进理论不仅可以赶上实际工作，而且走在实际工作的前面，这样才能指导人们的实践不断向更高阶段发展。

唯物辩证法是唯一科学的方法论，它要求人们用全面的、发展的、联系的观点看问题，坚持具体问题具体分析，根据主客观条件制订实施计划，有目的地、能动地改造客观世界。它为思想政治教育学提供了科学的方法论。用全面的观点和方法看问题，用发展的观点和方法看问题以及具体问题具体分析等就成为思想政治教育的方法论要求。客观世界是复杂多样的统一的物质世界，人们的思想与行为也是复杂多样的，要正确认识和解决人们的思想与行为问题，就要坚持客观性、全面性原则，切忌主观性、片面性。要从事物的相互联系、变化运动中把握问题的实质，运用不同的方式、方法解决不同的矛盾，坚持两点论与重点论的统一，使思想政治教育有效地做到点子上、落到实处，以提高思想政治教育科学化水平。

辩证唯物主义认识论科学地揭示了人的思想产生和发展的一般规律。“实践、认识、再实践、再认识这种形式，循环往复以至无穷，而实践和认识之每一循环的内容，都比较地进到了高一级的程度。这就是辩证唯物论的全部认识论，这就是辩证唯物论的知行统一观”。[①]思想政治教育学依据辩证唯物主义认识论原理，研究人的思想形成和发展变化的规律，并且依据这个规律提出了一些思想政治教育的理论原则和方式方法。

历史唯物主义中关于政治与经济关系的基本原理，是思想政治教育学的又一重要依据。马克思主义认为，政治来源于经济，又为经济服务。所以，政治对经济的作用，既是指导作用，又是服务作用，正确理解政治与经济的辩证关系原理，有利于我们正确认识思想政治教育的必要性。其一，政治是由经济决定的。其二，政治对经济又有反作用，但这种反作用必须通过一定的方式来表现，这种方式是多种多样的，有国

①孙飞.从实践中来到实践中去[J].启迪(教育教学)，2016(12).

家的行政管理措施，有各种政治运动，也有上层建筑其他因素的反作用。其中思想政治教育是政治对经济反作用的一种极为重要的方式，并且渗透在其他反作用方式中。就这个意义上说，思想政治教育是最直接体现政治要求、政治意图和完成政治任务的手段。党的十一届三中全会确立了以经济为中心，坚持四项基本原则、坚持改革开放的正确路线，从而为正确实施思想政治教育提供了前提。思想政治教育只有为经济建设服务，只有与经济工作相结合，才能把握住思想政治教育的主要内容和任务。在经济建设中，只有做好思想政治教育，才能保证工作发展的社会主义方向，引导人们树立社会主义市场经济观念，才能成为推动经济建设的巨大动力。

二、中国特色社会主义理论体系

（一）中国特色社会主义

中国特色社会主义，包括中国特色社会主义经济发展道路和中国特色社会主义经济建设理论体系。中国特色社会主义经济发展道路，即指中国共产党领导中国人民实行经济建设改革开放伟大革命实践开辟的一条中国式的现代化道路；中国特色社会主义经济建设理论体系，即指中国共产党把马克思主义与中国实际相结合实现马克思主义中国化的最新理论成果。中国特色社会主义是科学社会主义的基本原则与中国实际相结合的产物，具有鲜明的时代特征和中国特色。

中国特色社会主义理论体系，就是包括邓小平理论、“三个代表”重要思想、科学发展观，以及习近平新时代中国特色社会主义思想等重大战略思想在内的科学理论体系。2017年10月18日，习近平总书记在党的十九大报告中强调，中国特色社会主义进入新时代，我国社会主要矛盾已经转化为人民日益增长的美好生活需要和不平衡不充分的发展之间的矛盾。

1．核心价值观

不同时代塑造了不同的精神理念和价值观念，这些精神理念和价值观念是时代实践积淀的产物，体现了时代的进步与发展。习近平总书记指出：“实现中华民族伟大复兴，需要物质文明极大发展，也需要精神文明极大发展。”社会生产力和思想上层建筑同等重要，只有两者共同进步，社会才能健康稳定发展。党在十八大报告中首次明确提出社会主义核心价值观的具体内容，“倡导富强、民主、文明、和谐，倡导自由、平等、公正、法治，倡导爱国、敬业、诚信、友善，积极培育和践行社会主义核心价值观”。这是马克思主义理论与中国实践相结合的重大成果，社会主义核心价值观回答了我们建设国家、社会的目标，指明了公民培养的方向。

2.理论特点

(1)时代性

中国特色社会主义文化作为一个历史范畴，虽然有其超越时代的共同性，但作为一定文化的总体而言，总是一定思想下的产物，不同社会思想具有不同性质的文化，解放思想成为中国特色社会主义发展的必经之路。中国社会主义经济转型，因而有中国特色社会主义的思想文化必然带有这个时代的基本特点，它必须同社会主义基本经济制度、政治制度结合在一起，围绕建设富强民主文明和谐美丽的社会主义现代化强国的根本任务，以实体经济建设为中心，坚持改革开放，坚持四项基本原则，为人民服务，为社会主义和谐社会服务。

(2)民族性

一种源远流长的传统文化之所以能够不断延续和发展，自有其深刻的道理，不管人们如何认识和把握它，它都要作为一种历史的积淀和社会意识的潜流，渗入社会心理的深层，同人们的生活方式、思维模式、行为标准、道德情操、审美情趣、处世态度，以及风俗习惯融为一体，成为“化民成俗”的东西，成为人们生下来就濡染其间的一种精神家园。建设中国特色社会主义的文化，深深植根于人民群众的历史创造活动，继承发扬民族优秀文化和革命文化传统，吸收世界文化成果，形成了社会主义内容和中华民族形式相结合的全新的文化。

(3)科学性

作为上层建筑重要组成部分的有中国特色社会主义的文化，正确地反映了自然和社会的本质及其发展规律，坚持了同自然观、社会观中一切非科学的文化思想进行坚决斗争的立场，为决策的民主化和科学化提供了理论依据。

(4)民主性

发展社会主义民主政治,是中国共产党始终不渝的奋斗目标。没有民主就没有社会主义,就没有社会主义现代化。继承优良的民主传统和作风,增强民主意识,同封建主义、文化专制主义残余进行不妥协的斗争,使民主精神在广大群众中生根开花,是有中国特色社会主义的文化题中应有之义。贯彻"三不主义"①(不打棍子、不扣帽子、不揪辫子),弘扬主旋律,提倡多样化,自由讨论、自由创作和不同学派、不同风格的自由发展,使文化园地百花齐放、百家争鸣;同时,合理吸收外国文化一切好的东西,使中国特色社会主义的文化成为海纳百川、兼容并包的博大体系,是这一文化民主性的重要表现。

(5)群众性

社会主义文化事业是亿万人民群众创造的事业,人民群众是文化建设的主人,是一切文化创造的最深厚的源泉。有中国特色社会主义的文化是从群众中来、到群众中去的文化,它在建设中国特色社会主义的伟大实践中、在人民群众的创造活动中汲取营养,又用健康的文化成果教育人民、服务人民,使之成为社会主义"四有"②(有理想、有道德、有文化、有纪律)公民。

(6)创造性

改革是社会主义社会的本质要求,也是促进文化事业繁荣昌盛的强大动力,建设有中国特色社会主义的文化,要求深化改革文化管理体制,这是文化事业繁荣和发展的根本出路。改革的目的在于增强文化事业的活力,充分调动文化工作者的积极性,多出优秀作品,多出优秀人才。改革要符合建设中国特色社会主义文化的要求,遵循文化发展的内在规律,发挥市场机制的积极作用。文化产品具有不同于物质产品的特殊属性,对人们的思想道德和科学文化素质有重要影响。要坚持把社会效益放在首位,力求实现社会效益和经济效益的最佳结合。

(二)新时代中国特色社会主义思想

2017年10月18日,在中国共产党第十九次全国代表大会上习近平

①杨欣."三不主义"的来历[J].金秋,2006(5):39.

②陈萍,曹永.新时代培育"四有"新人的内涵、路径与意义探析[J].智库时代,2021(34):127-128.

总书记首次提出“新时代中国特色社会主义思想”。

习近平新时代中国特色社会主义思想是全党全国人民为实现中华民族伟大复兴而奋斗的行动指南。2017年10月24日，中国共产党第十九次全国代表大会通过了关于《中国共产党章程（修正案）》的决议，习近平新时代中国特色社会主义思想写入党章。2018年3月11日，第十三届全国人民代表大会第一次会议通过《中华人民共和国宪法修正案》，习近平新时代中国特色社会主义思想写入《中华人民共和国宪法》。

1．思想形成

党的十八大以来，国内外形势变化和我国各项事业发展都给我们提出了一个重大时代课题，这就是必须从理论和实践结合上系统回答新时代坚持和发展什么样的中国特色社会主义、怎样坚持和发展中国特色社会主义，包括新时代坚持和发展中国特色社会主义的总目标、总任务、总体布局、战略布局和发展方向、发展方式、发展动力、战略步骤、外部条件、政治保证等基本问题，并且要根据新的实践对经济、政治、法治、科技、文化、教育、民生、民族、宗教、社会、生态文明、国家安全、国防和军队、“一国两制”和祖国统一、统一战线、外交、党的建设等各方面做出理论分析和政策指导，以利于更好坚持和发展中国特色社会主义。

围绕这个重大时代课题，中国共产党坚持以马克思列宁主义、毛泽东思想、邓小平理论、“三个代表”重要思想、科学发展观为指导，坚持解放思想、实事求是、与时俱进、求真务实，坚持辩证唯物主义和历史唯物主义，紧密结合新的时代条件和实践要求，以全新的视野深化对中国共产党执政规律、社会主义建设规律、人类社会发展规律的认识，进行艰辛理论探索，取得重大理论创新成果，形成了习近平新时代中国特色社会主义思想。

2．主要内容

第一，明确坚持和发展中国特色社会主义，总任务是实现社会主义现代化和中华民族伟大复兴，在全面建成小康社会的基础上，分两步走，在21世纪中叶，建成富强民主文明和谐美丽的社会主义现代化强国，以中国式现代化全面推进中华民族伟大复兴。

第二，明确新的时代我国社会主要矛盾是人民日益增长的美好生活需要和不平衡不充分的发展之间的矛盾，必须坚持以人民为中心的发展思想，发展全过程人民民主，推动人的全面发展、全体人民共同富裕取得更为明显的实质性进展；明确中国特色社会主义事业总体布局是“五位一体”、战略布局是“四个全面”，强调坚定道路自信、理论自信、制度自信、文化自信。

第三，明确全面深化改革总目标是完善和发展中国特色社会主义制度、推进国家治理体系和治理能力现代化。

第四，明确全面推进依法治国总目标是建设中国特色社会主义法治体系、建设社会主义法治国家。

第五，明确中国共产党在新时代的强军目标是建设一支听党指挥、能打胜仗、作风优良的人民军队，把人民军队建设成为世界一流军队。

第六，明确中国特色大国外交要服务民族复兴、促进人类进步，推动构建新型国际关系，推动构建人类命运共同体。

第七，明确中国特色社会主义最本质的特征是中国共产党领导，中国特色社会主义制度的最大优势是中国共产党领导，中国共产党是最高政治领导力量。突出政治建设在中国共产党的建设中的重要地位。明确全面从严治党的战略方针，提出新时代中国共产党的建设总要求，全面推进党的政治建设、思想建设、组织建设、作风建设、纪律建设，把制度建设贯穿其中，深入推进反腐败斗争，落实管党治党政治责任，以伟大自我革命引领伟大社会革命。

3.重大意义

习近平新时代中国特色社会主义思想，是对马克思列宁主义、毛泽东思想、邓小平理论、“三个代表”重要思想、科学发展观的继承和发展，是马克思主义中国化最新成果，是中国共产党和人民实践经验和集体智慧的结晶，是中国特色社会主义理论体系的重要组成部分，是全党全国人民为实现中华民族伟大复兴而奋斗的行动指南，必须长期坚持并不断发展。

第三节　高校思想政治教育的重要性

加强大学生思想政治教育，是高校育人工作的中心环节。在教育活动中，要把大学生的思想政治素质培养放在首位。在社会转型的新形势下，各种社会问题纷纷呈现出来，带来了前所未有的文明冲突和文化碰撞，历史与现实、传统与现代、本土文化与西方文明多重因素交织在一起，这就可能带来大学生政治信仰、理想信念、价值取向等迷茫和模糊的现象。针对此情，我们应该加强思想政治教育，切实解决学生的实际问题，正确对待学生的合理诉求，培养出德智体美劳全面发展的建设者和接班人，为社会主义建设事业服务。

加强和改进大学生思想政治教育的关键在于与时俱进、不断创新。要深入理解不断变化的新形势，提出一系列解决问题的新思路。首先应从大学生思想特点形成的原因开始。

一、大学生思想特点形成的原因分析

总的来说，当代大学生表现出以下新特点：

（一）个性鲜明，思维独立自信，但过于以自我为中心

有调查表明，当代大学生在独立选择与思考上，表现出很高的自主性。笔者在某一届新生调查中，66%的考生在本科专业选择上都是由自己决定的，反映了这一代大学生思想上的独立。约63%的家长对新生独自到学校报到是放心的，同时没有出过远门的也是少数。

当代大学生出现一种思维："我们不需要别人来定义，我们是自己，我们只做自己。我们只能被自己左右。"由于他们过于以自我为中心，相对比较缺乏合作意识和团队忠诚感，人际关系应对力和心理承受力相对薄弱。这也造成虽然当代大学生渴望思想上的独立，但不少学生在生活上对家长依然有较强的依赖性[①]。

①黄春雷，赵旭，王强．高校学生社区思想政治教育与管理[M]．北京：中国石化出版社，2018：64－65．

（二）善于运用网络获取信息，但有时缺乏自制力

丰富的信息渠道让当代大学生随时拥有获得知识的机会，正是互联网带来的这种便利，使得他们在获取知识信息方面出现“浅阅读”文化现象，而他们经验上和心理上的空虚却是无法填补的空白，这导致他们在知晓大量信息的同时却产生一种空虚感。数据显示，有75%的当代大学生基本上不看报纸，看也只是浏览一下，在杂志、电视等方面也仅仅选择能对他们产生冲击力的时尚人物或者正在受到热捧的体育或影视明星，而网络则成为他们获取信息的最主要途径和日常接触最多的媒介。他们经常通过QQ群、微信群这些媒介来传播信息，并喜欢使用网络语言以便能够保护自己的隐私。但是，网络使人的虚拟沟通能力远远超过实际沟通能力，就容易形成一种在网络中的虚拟人格，影响在现实生活中与他人的交往。部分学生过分依赖新兴媒介，以至网络成瘾。调查显示有12%的学生网络成瘾。他们表现出如下人格特点：喜欢独处，敏感，倾向于抽象思维，不服从社会规范等。

（三）职业发展规划比较明确，但价值观更务实

对于将来要选择什么职业、要不要出国，当代大学生大多已经有非常明确的想法了。由于当今就业形势严峻，以及对自身发展的渴求，都让当代大学生对大学生活的规划更加明确。大学新生大都已经明白，考上大学不是终点，自己的人生发展才刚刚起步，他们表现出了强烈的自我规划意识。市场竞争的压力和利益关系的复杂多变，让他们更加务实，很早就明白应该关注具体的事情。他们认为社会是在要求他们成为更加务实的人。有调查显示，大学生目标定位明显受到市场经济大环境的影响，呈现出更加务实的倾向。当接受调查的新生被问到“你对自己未来的职业发展规划的设想是成为一个什么样的人”这个问题时，学生的选择依次是白领（47%）、企业家（20.5%）、出国发展（15%）、公务员或事业单位职员（5%），其他职业占比为12.5%。绝大多数（87.5%）学生都有了自己职业发展的基本趋向。

但是，调查也发现，当代大学生的职业目标定位明显受到市场经济大环境的影响，功利性比较强，理想色彩较重，不清楚通向目标的路在何方。用他们的话说，就像是“趴在玻璃上的苍蝇——前途光明却找不

到出路,根本不知道通向光明的道路在哪里"。

当代大学生出现的新的思想特点,与周围环境的影响密不可分。影响当代大学生思想观念的环境主要包括以下几点:

1. 家庭环境的影响

独生子女家庭依然是当代大学生所在家庭结构的主要形式,而且这批独生子女,其家庭状况往往比过去的孩子更为优越,他们不仅可以得到父母的帮助,家中的四位祖辈也会给予经济上的资助。这种"六对一"的宠溺形式,无论是从感情厚度还是经济实力上来说都要更强。因此,导致他们自我意识增强,存在以自我为中心、合作意识淡薄等情况,面对需要集体合作完成的任务时,很多人选择止步不前,不知如何表述或者达成共识。近年来,随着社会离婚率升高,离异家庭对大学生的思想也产生深远影响。家庭的不幸会导致一些学生缺乏安全感,心理脆弱,思想偏激。

2. 学校教育环境的影响

1999年,第三次全国教育工作会议发出全面推进素质教育的动员令,要求各级各类学校把提高民族素质和创新能力作为重点,大力推进素质教育。在素质教育的呼声中成长起来的大学生,也表现出独立思考、个性自信等优势,富有较强的创新意识。但是,经济社会变革对学历和文凭的高层次需求,使得源于竞争社会大背景下的传统教育仍占据中国教育大环境的重要领域。传统教育的弊端使教育者无暇顾及学生在道德理想追求、心理素质等方面的培养。新一代大学生由于在中学阶段接受素质教育不均衡,导致入学时仍然存在对家长和老师的依赖心理,对大学自主学习模式不适应,在与人沟通方面存在一定程度的障碍。

3. 社会环境的影响

中国处于社会主义市场经济不断完善的阶段,由此带来利益关系调整、收入差距扩大、公平与效率失衡等社会问题,深深影响着转型社会中人的思想价值观念。社会变革的复杂性,社会价值观的多元化,使正处于思想成长期的当代大学生在多元文化的冲击中,困惑与矛盾明显增多,从而对社会热点问题产生普遍关注。

市场经济的快速发展在某种程度上也使利益驱动机制成为调动人们积极性的重要途径，加上社会就业压力的不断增加，都使得年青一代的价值观更趋于务实，比他们的前辈更早地考虑以后的生存发展。所以我们需要对针对大学生思想特点的思想政治教育方法进行分析。

二、针对大学生思想特点的思想政治教育方法分析

在了解了大学生的思想特点及形成原因之后，如何有针对性地进行思想政治教育，这正是当前高校思想政治教育所需要探讨的课题。

（一）改变家庭教育方式

学生家长应反思一味溺爱的教育形式，从思想上关心学生的成长，重视对独生子女责任感的培养，在心理上和精神上鼓励他们。高校思想教育者也应经常有针对性地进行家访，帮助学生家长一起掌握学生的思想动向，建立教师和学生之间的平等互动关系。

网络普及使得传统的教育模式和学习模式正在发生改变，当代大学生获取信息更加快捷，知识也更加丰富，对自己的人生表现出的信心和理性远远超过他们的前辈，在某些方面甚至比教师知道的还多。当代大学生知识结构的复杂性和多样性远远超越了前辈。信息量的极大丰富和创造力的提高，使得他们渴望成熟独立，希望能跟老师进行平等的交流，而不是被动接受单向的知识和观念灌输。

思想政治教育工作必须结合学生思想实际，改变传统的简单灌输的教育方式，改变调整以“老师”自居的高高在上的心态，注重与大学生平等交换思想观念，在双向交流中达成共识，调动青年学生的积极性，在交流中把握学生思想动向，有针对性地开展工作。在与学生的平等互动中，要尊重学生思想中的合理成分，正确对待自身不足，虚心加以学习改进。

（二）注重人文关怀，同时解决学生的思想问题和实际问题

在实际工作中，大学生的思想问题和实际问题是密不可分的，思想困惑、心理危机等问题背后可能存在一些实际困难。因此，高校思想政治工作者要贴近学生的发展，从学生的实际问题和状态出发，增强思想政治教育的实效性和针对性。真正做到“注重人文关怀和心理疏导，用

正确的方式处理人际关系”。

在思想政治教育过程中，要把大学生放在他所处的生活或学习的整体环境下看待，完整全面地分析问题产生的各种主客观因素，才能找到帮助大学生解决问题的切入点，找到引导大学生的合适途径。其中很多思想问题的产生，往往跟学生在实际生活中遇到的困难有着直接或间接的联系，只有努力贴近大学生，了解大学生的实际需要，了解问题和事件发生发展的主客观因素，而不单单是从思想觉悟方面进行教育，如此才能更好地从本质上解决大学生的思想问题。

（三）重视引导大学生开展自我管理

教育的终极目标是被教育对象能够自我教育，教师的终极职责就是教给学生自我成长的能力，包括自我认知、认识环境、自我调控的能力。大学阶段是人生学习增智的第一黄金时期。现在的大学生自理能力和自控能力都有较大的缺陷，而学生则十分注重思想上的独立。他们当中的平庸学生为比别人更受瞩目，往往会用叛逆来表现自己的与众不同。应抓住这一特点，在完善各项制度的基础上，加强班级和党团组织建设，充分发挥各级学生组织、学生社团的作用，引导大学生科学规范地参与学生事务的管理、决策、执行和监督，充分发挥大学生的思想优势，调动学生的积极性，推行自我管理。

教育的作用重在引导。让大学生在外部引导下通过自我教育、自我管理、自我服务，学会解决各种问题的方法，改进思维方式，在应对各种问题时才能够举一反三，创造性、针对性地解决问题。与此同时，更加值得关注的是，中共中央、国务院下发的《关于进一步加强和改进大学生思想政治教育的意见》，其中强调指出：大学生是十分宝贵的人才资源，是民族的希望，是祖国的未来。加强和改进大学生思想政治教育，提高他们的思想政治素质，把他们培养成中国特色社会主义事业的建设者和接班人，对于全面实施科教兴国和人才强国战略，确保我国在激烈的国际竞争中始终立于不败之地，确保实现全面建设小康社会、加快推进社会主义现代化的宏伟目标，确保中国特色社会主义事业的兴旺发达、后继有人，具有重大而深远的战略意义。

尽管各高校都在按照中央的要求，加强和改进大学生思想政治教育工作,但要看到出自多方面的原因,在实际工作中还存在用管理代替思想政治教育、淡化思想政治理论课教学、对思想政治教育功能认知片面等现象。笔者认为:高等教育要把一定社会的公民意识和专业能力(含科研和实践能力)培养作为核心能力加以重视,才能培养出合格人才。我们要正视这样一个现实:有相当一部分大学生公民意识淡薄、历史知识和政治理论欠缺、道德感差、法制意识和政策观念不强、核心价值观缺失,没有成为一个真正的"社会人"。基于这样的立论,我们认为:思想政治教育尤其是思想政治理论课教学,在人才培养中具有不可替代的教育功能或重要作用,主要表现在以下几个方面:

1. 思想政治教育引导学生自觉发展

在不同的历史阶段,人的存在与发展总是表现出两种状态,即自发状态与自觉状态。所谓自发状态,是指人在发展中缺乏对社会全局和客观事物本质和规律的认识、局限于狭隘范围和眼前利益的一种精神和行为状态。所谓自觉发展,是指人能面向社会、把握全局、确立长远发展目标并自主寻求发展的状态。

早在以往革命中,列宁就已经从理论上阐述了人的革命自发性与革命自觉性的关系。他指出:自发因素,实质上无非是自觉性的萌芽状态。也就是说,自发性是人的主体性的初级状态,是自觉性产生的基础。为此,列宁提出了著名的"灌输"原理和"没有革命的理论,就不会有革命的运动"的论断,强调工人要学习、掌握马克思主义理论,认识各阶段的历史使命和革命的发展规律,实现由自发革命向自觉革命的转变。

在新的历史时期,大学生的发展也存在自发与自觉两种状态。在市场经济体制下,有些学生过分强调自身的独立性与主体性,只顾个人的眼前的物质利益,忽视对世界、国家发展全局的关注,忽视长远发展目标的确立和现代理论的武装,出现了狭隘、功利的发展倾向。表现为主体性不强,精神动力不足,对全局发展的形势与实质原因缺乏认识与把握,显得自我局限明显,开放性不够。这就是现代发展的自发性。这种自发性,归根结底就是个体发展的经验性。个体经验虽有可取之处,但它毕竟具有狭隘性和局限性,在发展上不可能有大的进展与突破,并且容易导致个体之间的矛盾与冲突。这种自发发展的实质,是缺乏反映当代社会与人的发展理论的武装，缺乏正确的思想指导。因此，现代自发性与过去年代的自发性虽然表现形式不同，但本质是一致的。所以，列宁提出的克服工联主义自发性、增强工人革命自觉性的理论原则，中国共产党通过思想政治教育转化自发性农民的传统意识，对于我们现在认识和克服大学生发展的自发性仍然具有指导意义。

大学生思想政治教育，就是要帮助大学生实现由自发发展向自觉发展的转变。大学生坚持自觉发展，首先要对自身的发展有自主意识、自觉意识，即能把自身发展与社会发展联系起来，进行独立的价值判断与确认，克服对社会和他人的依赖状态，把自身发展作为自己在当代社会的生存方式。其次是要把自身发展置于当代社会的发展之中，认识适应现代社会发展趋势，即适应并驾驭现代社会的开放性、竞争性、速变性、复杂性与多样性，不断克服不适应社会发展的传统观念与行为方式，自觉发展和提高自身素质。再次是要根据我国社会发展的长远目标与发展要求，确立自身的理想信念，并在发展过程中不断扬弃自发发展的因素，在不断超越自身的过程中使发展目标更加具体、丰富，形成自觉的发展习惯。

大学生要实现自觉发展，单靠自身的体验与探索往往是难以完成的，必须要确立面向现代化、面向世界、面向未来的观念，突破个体、家庭眼前的局限，接受现代化建设理论的灌输。只有学习、掌握并运用中国特色社会主义理论，才能确立明确的方向与目标，才能获得强大而持久的动力，才能把个体行为融入社会主义现代化建设的伟大洪流中，才能使自身真正进入高层次的自觉发展状态。这无论是对国家、民族，还是对自己、家庭，都是极其有利的。满足于自发的发展状态，在当今激烈的国际国内竞争形势下，其视野、目标、动力、精神状态都是远远不够的。为此，高校思想政治教育要通过过去与现在、理论与实践的比较，帮助广大学生实现由自发发展向自觉发展的转变与提高。只有抓住这个转变，才能抓住个人与国家、理论与实践、眼前与长远的结合点。

2. 思想政治教育引导大学生全面发展

所谓人的全面发展，就是按照人应有的属性，作为一个完整的人，以全面的方式占有自己的属性。物质性、社会性、精神性都是人的属性。生活在一定条件下的人，需要拥有生存与发展的物质条件、丰富的社会关系、充实的精神生活，并在这几个方面的发展取向上，既坚持全面又有所侧重，既发展特色又互不替代，以全面的方式发展自己。在不同历史时期，全面发展的内涵也是不同的，全面发展只是相对于片面发展而言的。在历史发展进程中，由于受生产力水平和社会政治制度的制约，人往往呈现出片面发展状态。

在当代社会条件下，引导大学生全面发展，就要克服“道德人”“神性人”“经济人”“工具人”的局限，真正按照人的属性，引导学生实现物质与精神、科技与人文、生理与心理、知识与能力等方面的全面发展，真正成为“完整的社会人”。改革开放以来，中国共产党制定了“一个中心，两个基本点”的基本路线，把发展经济、发展生产力、发展科技作为社会主导价值取向明确出来，把社会主义现代化建设作为当今中国的最大政治，从而广泛调动了人民群众的积极性，推动了经济的快速发展。为了避免历史上社会价值取向的片面性，中国共产党及时提出了加强社会主义精神文明建设的指导方针，反复强调物质文明建设和精神文明建设“要两手抓，两手都要硬”；要实现经济与政治的统一，在经济快速、多样发展的过程中一定要“讲政治”；要落实科教兴国战略和可持续发展战略，保证社会健康而长远地发展；要贯彻“三个代表”重要思想（中国共产党要始终代表中国先进生产力的发展要求；中国共产党要始终代表中国先进文化的前进方向；中国共产党要始终代表中国最广大人民的根本利益），开展物质文明、政治文明、精神文明建设，保证社会全面协调发展；要创造条件，保证人们思想与精神生活全面发展以及人与自然、社会协调发展。这些理论、方针都为引导大学生全面发展提供了指南和准则。

但是，应当看到，大学生思想政治教育是在开放条件下和市场机制作用下进行的，西方“物本”价值观、“神本”价值观以及“科技为本”价值观，通过各种方式会对一些大学生的价值取向产生影响。市场竞争、社会竞争所进行的直接比较，会使一些大学生甚至一些教授、学者、领导干部对有形的，即物质的、可以量化与指标化的价值予以重视，而对无形的、难以量化与指标化的价值予以忽视，导致价值取向的偏差甚至替代。同时，社会上存在的“形象工程”“政绩工程”，以及单纯追求经济指标与物质享受的现象，也会对大学生的价值取向产生影响。于是，一些大学生存在重物质轻精神、重科技轻道德、重生理轻心理的倾向，极少数学生甚至出现价值取向替代，做出与大学生身份不相称的事情。一些大学生价值取向上的偏差与替代，已经导致发展的不良后果。如不少学生思想上存在着迷惘与困惑，却不愿意从精神和理论的层面求解；一些学生表现出急躁、浮躁、焦躁和烦躁情绪，却不明白“人无远虑，必有近忧”的古训……所有这些我们可以感受到的事实，都可以归结为不同程度的“精神缺乏症”，都是价值取向偏斜和替代所导致的后果。为此，高校思想政治教育必须结合开放环境、市场机制以及现实影响的实际，以马克思主义人的全面发展理论和科学发展观为指导，从理论结合实际的高度，阐明全面发展的必要性与重要性，讲明片面发展的局限性与危险性，使思想政治教育真正按照人的本质特征和学生的全面需要进行。

3. 思想政治教育促进大学生持续发展

所谓持续发展，是指人在实现现代化过程中立足长远并坚持对自身不断超越的发展思想。人的发展和社会发展一样，也存在着眼前发展与长远发展、持续发展与间断发展、缓慢发展与快速发展的状态。社会要实施可持续发展战略，人必须实现全面、持续、长远发展。市场经济体制下的激烈竞争，现代科学技术发展的日新月异，社会信息传播的千变万化，以及终身教育与学习型社会的形成，都要求每个人坚持持续发展，也为每个人的持续发展创造了条件。

坚持个人的持续发展，必须把个人、社会、自然三个方面结合起来考虑，而不能把自身发展孤立起来，更不能把个人发展与社会发展对立起来。坚持持续发展，关键因素在人，人既是持续发展的目的，又是实现持续发展的手段。持续发展的实质是“以人为中心的发展”。

在现代社会条件下，社会、自然方面所出现的严重问题，绝不仅仅是科学技术上的问题，而在很大程度上是人的价值观问题、伦理道德问题。社会、自然的不平衡、不协调发展，归根到底是人的不持续、不协调发展的反映和表现。在大学生中，一些人功利倾向过重，重物质价值取向和外在条件发展，忽视精神价值取向和内在人文精神，致使发展因动力不足而陷于迟缓，或取向不当而遭受挫折。一些人迷恋网络，乐于信息吞吐，在学习上疏离经典、满足世俗；在价值取向上躲避崇高、追逐感觉;在人际关系上缺少关爱、陷于形式,致使发展陷于眼前利益而后劲不足,导致发展的间断和缓慢。对这些发展状况与发展障碍不予正视和克服,将难以涌现有广阔、深厚发展前景的人才。为此,我们要通过思想政治教育,帮助学生克服个人发展上的实用主义和急功近利倾向,树立做大事、成大才的目标,打牢思想与知识基础,增强发展后劲,切实把当前发展与长远发展统一起来。

培养大学生的创新精神与实际能力,即培养创新人才,是我国面向21世纪教育的重点。所谓创新人才,是指具有创新精神和创新能力并习惯于创造性思维的人才。高校思想政治教育在培养大学生的创新精神方面具有重要的作用。因为创新精神是创新的灵魂,是创新人才进行创新实践活动的精神动力。它主要包括科学精神、奉献精神、团队精神、怀疑精神、批判精神等,而这些精神的培养正是高校思想政治教育的重要目标,是大学生思想政治教育的出发点和归宿。

第一,创新精神是一种科学精神。要培养大学生的科学精神,就要有科学的世界观作指导。世界观教育正是大学生思想政治教育的根本所在,世界观教育的核心就是学习和掌握马克思主义基本原理,树立马克思主义的科学世界观。第二,创新精神是一种富有理想的精神。创新活动是一项艰难曲折的活动,需要执着追求、顽强意志与强大动力。而理想信念教育是思想政治教育的核心,只有教育学生确立建设中国特色社会主义的共同理想,倡导共产主义的最高理想,才能产生执着追求,才能获得创新动力,才能推进创新的实践活动。第三,创新精神是一种奉献精神。创新活动是一项风险性大、不确定因素多的活动,创新难免会出现失败,创新要有牺牲。为此,思想政治教育必须培养学生具有艰苦创业、敢于创新、乐于奉献、不怕牺牲的精神。第四,创新精神也是一种团队精神。人际交往能力以及合作、协调的团队工作能力,是团队精神的外在体现,团队精神在我国就是集体主义精神。在现代科技以综合化发展为主、现代社会高度社会化的历史条件下,个体创新活动不可能孤立进行,只能通过人员、知识、条件的互补,才可能取得成功。因此,思想政治教育必须训练学生学会合作,培养集体主义精神。第五,创新精神还是一种批判精神。因为任何创新都意味着对某种旧的概念、理论、规则的突破与超越,而这种突破与超越在一开始总是表现为一种怀疑意识、批判意识。思想政治教育要培养批判精神，就要坚持“解放思想、实事求是、与时俱进”的思想路线，以思想政治教育不断创新的实际行动，促进学生创新精神的增强。

大学生思想政治工作，任重而道远。只要坚持实事求是，从高校改革与发展的实际出发，继承和发扬思想政治工作的优良传统，积极探索在新形势下做好思想政治工作的新内容、新思路、新方法、新途径，高校学生思想政治工作就一定能够承担起历史所赋予的重任，为高校教育的改革、发展发挥其应有的作用。

第二章 高校思想政治教育工作的模式创新

第一节 高校思想政治教育工作模式创新的内涵

一、高校思想政治教育工作模式创新的目标

大学生思想政治教育工作模式的创新应当实现四个方面的转变，即由单向灌输型向双向交流型转变，由单一管理型向共情共感型转变，由显性教育型向隐性教育型转变，由教师教育型向合力教育型转变。为真正实现上述转变，在大学生思想政治教育模式建构中必须始终将以下目标作为创新的导向。

(一)教育主体的平等性与目标定位的准确性

1. 教育主体的平等性

平等作为人们的一种普遍要求，是建立在人们对自己和他人关系的基本看法基础上的。正如“任何心智健全的成人都不会自觉自愿地认为自己天生地低于别人，不会自觉自愿地认为自己天生地应当屈从于别人”[①]。对于大学生思想政治教育而言，平等性主要是指教育者和教育对象关系的平等。换而言之，在思想政治教育沟通活动中，教育者和教育对象都是思想政治教育沟通活动的主体，享有同等的地位和相同的权利。教育者不是某种权威的象征，不再处于毋庸置疑的地位，而是以平等的、互相尊重的身份与教育对象沟通、交流与交往，双方能够彼此理解与尊重、信任与接纳、相互关心与帮助。因此，大学生思想政治教育的模式创新也必须以实现教育者和受教育者双主体之间的平等

①王娟.思想政治教育沟通的特征[J].思想政治教育研究，2009(5)：57-59.

性为目标前提[①]。

2. 教育目标定位的准确性

如前所述，在当前的思想政治教育模式中，仍然存在着弱化教育的育人性和人本理念，忽视思想政治教育理应具有的本体性价值的异化现象。就思想政治教育的目标定位而言，定位过高过虚，注重共产主义思想的宣传教育而忽略受教育者同样作为教育主体本身的需要，使思想政治教育没有贴近大学生的实际需要和现实生活。具体说来，思想政治教育运行是在与个体密切相关的社会生活领域中展开的，理应介入到社会生活领域与个体的具体生活实际密切相关联。因此，思想政治教育必须深入社会生活领域，贴近受教育者的生活现实，满足实际需要，才能打破思想政治教育的狭隘视界，使思想政治教育更具活力。美国教育学家约翰·杜威(John Dewey)就指出道德教育应该重视对社会生活领域的渗透作用，认为“道德教育集中在把学校作为一种社会生活的方式这个概念上，最好的和最深刻的道德训练，恰恰是人们在工作和思想的统一中跟别人发生适当的关系得来的”。因此，将教育目标准确地定位于贴近大学生的实际需要、贴近生活现实是对大学生思想政治教育模式创新的基本要求。

(二)教育内容的开放性与教育方式的多样性

1. 教育内容的开放性

大学生作为受教育者，与其他社会成员一样，不可避免地与社会进行着广泛的接触与联系。而社会生活的广泛性，就界定了思想政治教育因素的开放性。教育者对受教育者施加的教育影响，同社会诸因素对受教育者的影响，几乎都是同时同地进行的，这就决定了思想政治教育因素和过程的开放性。而在这一过程中，思想政治教育内容的开放性居于核心地位。正如美国心理学家卡尔·罗杰斯(Carl Rogers)指出的：“思想政治教育是灵活的，在概念、信念、知觉和假设中是敞开的。对于其中的模糊性，它是宽容的，是允许它如其存在那样的。它故而具有接收许多矛盾的信息而不拒之于经验之外的可能性。在这一过程

①康玉.以学生为本的高校思想政治教育模式研究[D].大庆：东北石油大学，2012：32-33.

中，我们感受精神振奋，更加自由开放，更能接受自己和他人；同时由于我们努力去理解和接受，因此也乐于倾听新思想了。”因此，大学生思想政治教育模式创新必须以实现教育内容的开放性为核心目标。

2. 教育方式的多样性

在当前的思想政治教育模式当中，重讲授、说教等较为单一的教育方式的现象仍然存在。这种灌输式的教育手段和教育形式，从根本上否认了思想政治教育的人本观念与受教育者主体思想。因此，为了实现大学生思想政治教育模式的创新，教育形式的多样性同样是重要的目标导向之一。具体说来，在思想政治教育过程中，必须承认思想道德的层次性，允许思想道德追求多样化，使具有不同思想道德层次（指与法制相容的道德层次）的人都能在社会中找到适合自己生存与发展的空间，找到激发自己不断向高一级层次思想道德目标前进的动力，把思想政治教育工作保持在具有层次性的复杂阶段，从而保持思想政治教育工作蓬勃向上的青春活力。同时，就高校而言，思想政治理论课教育、社会实践能力培养、校园文化氛围营造、学生事务咨询等都是开展思想政治教育的重要手段，允许理论课育人、社会实践育人、文化育人与管理育人等多种形式共存，而且在最大限度上实现教育的合力是大学生思想政治教育模式创新必须达到的重要目标。

（三）教育过程的统一性与评价机制的科学性

1. 教育过程的统一性

人们思想道德和政治素养的形成与发展总是在体现社会实践的基础上，使教育主体之间相互作用、彼此协调，从而使受教育者内在的思想、道德和政治等因素矛盾运动转化的过程。而这一过程，既包括教育的外在干预环节，又包括受教育者对外在教育因素的吸收内化环节，是由外在干预到内化的动态过程。在这一过程中，教育者的教育起引导作用，受教育者的自我教育起内化作用。任何教育只有通过受教育者自我教育才能发挥作用。受教育者思想政治素质的形成，既是教育者教育的结果，又是受教育者自我教育的结果。

此外，思想政治教育的过程同时还是一个塑造积极因素和改造消极因素的过程。在思想政治教育过程中，只讲塑造或只讲改造的单纯灌输式教育都是不全面的。这是因为“每个人都有自己的价值观,并且能够按照他个人的价值观行事”①。每个受教育对象的精神世界都是由积极因素和消极因素两个方面构成的。巩固和发挥已有的积极因素,培养新的积极因素,属于塑造性质的教育;矫正已有的消极因素,属于改造性质的教育。因此,塑造与改造是思想政治教育过程中经常进行的两个不可分割的有机过程。同时,在思想政治教育过程中,还应以塑造为主、改造为辅,实现塑造教育与改造教育的结合与统一。显然,必须把实现教育干预和自我教育的主动内化相统一、塑造教育和改造教育相统一作为大学生思想政治教育模式创新的又一目标。

2.评价机制的科学性

大学生思想政治教育的效果如何,将会直接关系到建设中国特色社会主义伟大事业,实现中华民族伟大复兴中国梦的成败,关系到党和国家的荣辱兴衰。2015年1月,中共中央办公厅、国务院办公厅印发的《关于进一步加强和改进新形势下高校宣传思想工作的意见》指出,要提升研究回答重大问题的能力,实施中国特色新型高校智库建设推进计划,定期开展师生思想政治状况调研,建立健全高校哲学社会科学研究分类评价体系,完善以质量和贡献为导向的评价机制。故而大学生思想政治教育评估机制科学与否,不仅直接关系到思想政治教育实效性的实现,而且关系到高等学校的办学质量。这就要求在考察思想政治教育效果时必须坚持实事求是,采用科学方法和技术手段进行整体考核和综合评定。实行动态与静态、个体与整体、定性与定量、短期与长期相结合的方式。显然,实现评价机制的科学性必然也是大学生思想政治教育模式创新的重要目标。

二、大学生思想政治教育模式创新的原则

大学生思想政治教育的基本原则,是指在大学生思想政治教育过程当中形成的客观规律,是实践总结的精华,是必须遵循的基本准则。它是在长期的思想政治教育实践中形成和发展起来的,具有实践和理论的双重属性。大学生思想政治教育模式的创新要围绕以下五个基本

①[澳大利亚]路斯·哈里斯.自信的陷阱:如何通过有效行动建立持久自信[M].王怡蕊,陆杨译.北京:机械工业出版社,2019.

原则来设计和运行。

（一）“疏”与“导”相互结合的原则

“疏”就是广泛征求意见，疏通各种利害关系。“导”就是在疏通的基础上，对正确的元素加以肯定，对错误的元素进行否定，并引导相关主体向正确的方向前行。疏通和引导是两个相辅相成的个体，只有深入调查分析个体需求、厘清各种错综复杂的关系，才能够充分了解人们的想法，为“导”提供路径和方向；引导则为疏通提供基本的动力。二者相互结合，是进行大学生思想政治教育的前提。

进行大学生思想政治教育必须以大学生的行为特点为直接依据，而决定大学生行为特点的思想特点，则是开展大学生思想政治教育模式创新的根本依据。从模式创新的角度来看，教育者仅仅把握大学生的行为特点还是远远不够的，还需要进一步掌握大学生形成这种特点的具体原因。一般而言，大学生的行为是外显的，其特点可以通过观察方法进行归纳，而要掌握具有内隐性的大学生的思想特点，关键就在于“疏”，就是让大学生“说话，说真话”，通过创造宽松的氛围、疏浚沟通渠道、搭建对话平台等一系列举措，让大学生原原本本地道出自己的真情实感，完完整整地表达自己的思想观念，从而了解学生的所思所想。在把握大学生思想特点的基础上，能够从更深层次分析和研究大学生的行为方式，从里到外、从源到流全面掌握大学生的行为特点，并预测其未来发展趋势和发展方向，为开展大学生思想政治教育模式创新奠定基础。“疏”只是手段，“导”才是目的。思想政治教育工作者要特别注重在“导”上下功夫，导思想、导行为，通过选择运用各种教育方法，引导大学生不断强化正确的且不断纠正错误的思想观念和行为习惯，以达到大学生思想政治教育模式创新的根本目的。

（二）理论与实际相互结合的原则

理论与实际相互结合是处理一切问题的基本方法。理论对实际具有重要的指导作用，而理论与实际相互结合的原则，正确反映了理论和实际之间的辩证统一关系。现代思想政治教育，就是要求人们运用科学的方法认知世界，要求必须深化理论的指导力量，同时也要结合不同的国情、时代背景等实际情况来开展思想政治教育，以达到知行合一的效果。

大学生思想政治教育模式创新是一项实践性很强的活动，必须有科学的理论加以指导。大学生思想政治教育模式创新是依据教育对象的实际情况、教育环境的不断变化来更新教育方式和方法的过程，是不断地将抽象的理论与具体的实际相结合的过程，是与思想政治理论教育相互配合、形成合力的过程，是加深和强化教育对象对理论的理解与把握、实现教育对象对理论的自觉接受和科学运用的过程。理论在大学生思想政治教育过程中发挥基础和保障的作用，是教育过程的出发点和落脚点，如果没有理论的指导和运用，大学生思想政治教育模式创新将失去依据、失去方向、失去价值。在大学生思想政治教育模式创新中，必须牢牢坚持理论与实际相互结合这一原则。

（三）国际化与民族性发展相互统一的原则

随着全球化的发展，面向世界、放眼全球，成为每一个国家、每一个民族甚至每一个社会个体必须具有的思维方式和视觉维度。然而，全球化亦造成了大量的“文明冲突”，作为应对全球化挑战的基本策略，世界各国尤其是发展中国家，为了维护国家的主权和独具特色的民族文化，继续坚持民族化发展的现代化取向。事实上，民族化和全球化是相辅相成的，民族化是全球化发展的基础，全球化是民族化发展的条件。在全球化与民族化的交织中谋求发展，成为每个国家、社会乃至每一个人都无法回避的现实。同样，大学生思想政治教育也不能例外。

置身于全球化的国际环境下，面对激烈的国际竞争，要应对不良思潮对大学生的不利影响，对于大学生思想政治教育工作来讲，一味回避或者自我封闭都是没有出路的。同时，大学生思想政治教育应当立足于中华民族传统文化的基石，立足于中国特色社会主义现代化建设的实践，进一步加强对大学生的民族精神教育和时代精神教育。

（四）主导性与多样性相互统一的原则

主导性与多样性相互统一，要求大学生思想政治教育既要坚持“一元主导”，又要允许“多样发展”；在教育目标、教育内容、教育要求、教育渠道、教育方法等各个方面，既要体现主导性，又要体现层次性、丰富性、广泛性和多样性。对于大学生思想政治教育模式创新而言，坚持主导性就是要求必须坚持用社会主义的意识形态、马克思主义的指导方针和中国特色社会主义特色理论武装大学生头脑。多样性则是根据不同教育对象的要求，丰富并发展主导性的要求，对主导性的发挥起到配合和补充的作用。多样性包括内容选择的多样性，以及针对不同教育对象、教育环境实施教育。

主导性是实现多样性的前提，离开主导性的多样性必然导致教育活动的混乱，使日常思想政治教育失去目标和存在的价值基础；多样性是实现主导性的条件，离开多样性必然导致教育活动的僵化，不利于提高大学生思想政治教育的针对性和实效性。因此，要想创新大学生思想政治教育模式，就必须注意主导性与多样性的紧密结合，二者缺一不可。

（五）自主性与社会化相互统一的原则

大学生思想政治教育模式创新要坚持自主性与社会化相统一的原则，主要是基于开展大学生思想政治教育的组织而言的。随着社会的发展和进步，对大学生进行思想政治教育已经不仅仅是高校的责任，而更是全社会共同的责任。因此，从这个意义上来说，大学生思想政治教育模式创新必须走出学校、走向社会，既坚持自主发展的独立性，又能够融入社会，充分利用社会优秀的育人资源和广阔的育人平台。

众所周知，大学生思想政治教育是高等教育的重要内容。高校首先应充分发挥自身的自主性，充分调动一切教育力量，充分利用既有资源，切实增强大学生思想政治教育的实效性。同时，高校更应该敞开大门，将大学生思想政治教育置于社会系统、环境和平台之中，以社会生活的生动素材、经济建设的巨大成果、文化建设的优秀作品教育和引导大学生，努力推进大学生思想政治教育工作的社会化发展，充分利用社会力量和社会资源，以此开创大学生思想政治教育的社会化发展局面。坚持大学生思想政治教育的自主性与社会化相统一，既有利于高校、社会各方形成合力，又有利于直接推动大学生个人发展的社会化进程，是当前以大学生思想政治教育为载体，从而进行大学生人格养成教育的必由之路，也是创新大学生思想政治教育模式必须坚守的原则之一。

三、"五维一体"构建大学生思想政治教育综合育人新模式

事实上，从大学生思想政治教育理论研究与实践过程来看，学者和教育者们分别从不同视角、不同侧面探讨并构建了大学生思想政治教育模式。但是，大学生思想政治教育是一个系统工程，不可能从某一个模式出发便能开展有效的大学生思想政治教育活动，而更多地需要发挥不同思想政治教育模式的合力作用。具体说来，全面素质模式主要以培养大学生综合素质为核心内容、契约管理模式以共同履约为核心内容、社会支持模式以充分利用环境影响为核心内容、咨询发展模式以交流对话为核心内容、文化育人模式以取得精神共鸣为核心内容，可以以此为契机构建"五维一体"的大学生思想政治教育综合发展新模式，并使之成为加快大学生成长成才的强大助推力。

（一）全面素质模式

人的发展问题是历代教育家都在关注的一个话题。譬如中国古代教育家孔子以"六艺"教育三千弟子；古希腊著名思想家亚里士多德要求通过和谐的体育、德育和智育，来使人理性发展、体魄健全；18世纪，法国启蒙思想家让-雅克·卢梭（Jean-Jacques Rousseau）提出应培养个性自由发展的"自由人"；英国空想社会主义者罗伯特·欧文（Robert Owen）提出了通过智育、德育、体育和劳动教育培养"全面发展的人"的主张；20世纪70年代，美国学者隆·米勒（Ron Miller）正式提出"全人教育"的概念。他认为，全人教育包含了进步主义、人本主义、开放教育、全脑开发教育、体制外教育、地球教育等教育思想。此外，德国的存在主义哲学家卡尔·西奥多·雅斯贝尔斯也倡导"全人教育"，认为教育所培养的人不应只是具有某一方面知识或技能的人，而应是具有基本的科学态度和创新精神、有独立性和个人责任感、具有广泛的知识和个性特征的人；马克思和恩格斯则提出了"人的全面发展观"，认为高校应当培养"个性全面和谐发展"的人，主张德智体美劳各方面的协调发展。

随着市场经济体制的建立和科学技术的迅猛发展，民主政治的倡导和世界文化的融合，要求人具有更强的竞争力、适应性、创新能力和自主精神，只有全面发展的人才能成为未来社会的主人。因此。大学

生思想政治教育应当树立“全面素质”的理念，探讨卓有成效的大学生思想政治教育的全面素质模式，培养符合社会需求的高素质人才，使学生不仅具有适应时代需要的科学文化素质，而且在成长过程中“学会求知、学会做事、学会共处、学会做人”。

（二）契约管理模式

1.契约的起源及意义

契约起源于人类的生产和交易活动，几乎与人类的历史一样久远。西方的契约观点最早可以追溯到古希腊学者伊壁鸠鲁和古罗马学者卢克莱修。西方的契约文化在经济法律领域、社会政治学理论与道德哲学领域都有着十分广泛的应用。中国古代尽管没有形成专门的契约法典，但契约理念也有十分悠久的历史，在历朝历代都有关于契约的规范或民间习惯。

随着社会的发展，契约被不断赋予新的含义，但古罗马时代对契约的界定，即“契约是由于双方意思一致而产生相互间法律关系的一种约定”，仍然是当代各种契约观念共同的历史渊源。总而言之，契约就是一种当事人双方或多方就各自利益要求满足心理预期，即在合意基础上而形成的一种具有法律效力的协议，实质上是由不同当事人以追求合意为目的而相互支持又彼此制衡的一个利益共同体。

2.将契约引入大学生思想政治教育的必要性和可行性

（1）将契约引入大学生思想政治教育的必要性

第一，基于契约管理理念的大学生思想政治教育是实施高等教育强国战略和构建现代大学制度的需要。自2002年我国高等教育从精英阶段发展为大众化阶段后，高等教育毛入学率还在不断提高，2007年为27%，2009年为24.2%，2010为26.5%。2020年5月20日，教育部发布的《2019年全国教育事业发展统计公报》中显示，2019年，全国各类高等教育在学总规模已达4002万人，高等教育毛入学率为51.6%。全国共有普通高等学校2688所（含独立学院257所），比上年增加25所，增长0.94%。其中，本科院校1265所，比上年增加20所；高职（专科）院校1423所，比上年增加5所。全国共有成人高等学校268所，比上年减少9所；研究生培养机构828个，其中普通高等学校593个、科研机构235个。与之相关的，还有20世纪末21世纪初开始的改革开放以来规模最大的高等教育管理体制改革，在很大程度上理顺了政府和高校条块之间的矛盾。然而，数量不等同于质量，在政府和高校关系上的体制理顺，也仅仅是高等教育改革的第一步。要想建设成为高等教育强国，只有通过建立现代大学制度才能完全实现。

第二，基于契约管理理念的大学生思想政治教育是创新学生管理制度，实施依法治校的必然要求。众所周知，依法治国是我国的基本国策，也是治国的基本方略。而高校则是中国特色社会主义精神文明和政治文明建设的重要阵地，肩负着为实现中华民族伟大复兴的中国梦和推动社会主义现代化事业向前发展，而培养合格的建设者和接班人的重任，必须在依法治校方面做出更多努力。目前，我国已经颁布了7部主要教育法律，10多项教育行政法规、200多项教育行政规章，这些规章制度为高校推行依法治校提供了制度保障。同时，随着招生规模扩大、办学层次多样、各类事务增多、学生权益意识增强等新情况的出现，高校已经无法像传统模式那样简单地以行政指令来实施教育活动，而必须在依法治校的前提下创新教育模式。在这一背景下，探讨大学生思想政治教育的契约管理模式，为创新学生管理制度、实施依法治校、创新大学生思想政治教育模式提供了有效途径。

第三，基于契约管理理念的大学生思想政治教育是尊重学生主体性，突出思想政治教育"以学生为本"的基本理念和高等教育人文价值的需要。长期以来，高校学生的主体性在高等教育的各项教育活动中被忽视，高校往往凭借强势的管理权力，在教育行为中漠视学生应有的权利，如对学校各项事务的知情权、质疑权、参与权和申诉权等权利，要求其服从和发布指令多，听取建议和平等交流较少，而这些无疑都与契约精神相违背，也无法良好发挥高等教育的人文价值。随着主体意识的不断觉醒，越来越多的大学生纷纷开始关注自身的权益，渴望对学校事务的参与，而体现在具体行为上，则是出现频繁的"大学生权益发布会""学生代表大会""学生申诉听证会"等组织行为，也显现出大学生契约意识的不断成熟。如何科学界定学生和学校的权利与义务，并逐步构建与之相适应的大学生契约管理式的思想政治教育模式，充分利用其控权性，在对学校权力进行必要限制的同时，鼓励学生建立民主意识和契约精神，为高校培育人文价值提供了可能性。

（2）将契约引入大学生思想政治教育的可行性

第一，理论可行。以商品生产和交换为主要内容的自由经济是市场经济的本质体现，其中契约自由是在经济生活中维系经济关系的首要原则。从这一层面来看，实现经济关系的契约化是市场经济最本质的法律特征。因此，市场经济社会普遍存在的契约关系也必然影响到社会的方方面面。借用诺贝尔经济学奖得主、英裔美国经济学家科斯的理论，大学事实上也是一组契约集合，包含了大学与政府、大学与学生、大学与社会之间的契约关系。可以看出，契约作为一种古老的制度，其适用范围延展到包括高校的大学生思想政治教育领域的社会其他领域，在理论上存在可行性。

第二，实践可行。事实上，契约在教育领域的应用由来已久，自20世纪60年代以来，西方发达国家就开始在教育领域中引入契约制度。20世纪80年代末90年代初，随着市场经济的发展，我国也开始重视契约制度在后勤社会化改革、政府采购等非核心教育服务领域激发出来的提高效率、提高竞争、推进改革等积极作用。这些契约在教育领域广泛应用的现实情况，其主要原因在于教育属性的特殊性、教育过程的复杂性和教育种类的多样性。从本质上来说，从契约角度研究思想政治教育模式具有实践方面的可行性。

（三）社会支持模式

环境对人的重要作用不言而喻。人们能感受到的环境源于教育对象的特定关注。关注是信息的一种选择、取舍过程。在不同的环境中，“各种事物与人的需要有程度不同的联系，从而引起程度不同的心理动力”①。在现代社会中，环境的多维性、复杂性和开放性进一步增强，环境影响的功能也随之不断强化。正如古希腊著名思想家亚里士多德（Aristotle）所说：“人们通过参与生活而变成有美德的人，人不仅在社会里受生活训练所支配，而且人的人格在社会里被塑造。”大学生的成长与成才离不开社会大环境。因此，尽管学校在思想政治教育中起着中心的作用，但是我们研究当前的大学生思想政治教育，不能仅仅局限于

①陆璐．天道[M]．兰州：敦煌文艺出版社，2013.

高校这一单纯领域，更多地应该放眼于整个社会大环境，充分认识社会支持对大学生成长成才的重要作用。

（四）咨询发展模式

当代大学生的成长经历、性格特点等，随着时代变迁呈现出了空前的多样性。因材施教不仅仅应该体现在传授书本知识层面上，思想政治教育方面更应当根据大学生的不同特点采取不同的方式和方法。同时，由于现实社会在不同程度上存在着理论与实际脱离的情况，进而滋生了相当广泛的社会逆反心理，这种逆反心理对于高校思想政治教育工作者和传统的训导式教育方式存在着比较抵触的情绪，成为高校思想政治教育顺利开展的重要阻碍。美国著名道德教育家劳伦斯·科尔伯格（Lawrence Kohlberg）曾说："道德教育最好是对话中的一个自然过程，而不是作为一种理论指导或说教。教师和课程最好是作为这种对话的促进者。"因此，大学生思想政治教育不仅要摆脱生硬说教的固态和专职训导的姿态，而且要采取平等的、对话的、个性的、建议的方式，从社会生活的各方面进行渗透式的教育。由此，将咨询发展融入大学生思想政治教育过程中，这不失为一条适应当前发展的大学生思想政治教育模式创新的路径。

（五）文化育人模式

当今世界，文化、经济和政治相互交融、相互渗透，文化成为衡量一个国家综合实力的重要因素。大学作为文化的主要输出地，是引领社会文化风向的主阵地，校园文化作为社会文化的重要组成部分，建立文化育人模式，对于加强社会主义市场经济条件下的大学生思想政治教育活动的有效开展具有十分重要的意义。

文化育人，即指以人类创造的先进文化去感化人、熏陶人和培育人。文化育人不仅包括用精神财富育人，而且也包括用物质财富和制度安排育人。尽管校园文化包含多个方面，但其都统摄于校园文化的精神层面，呈现为大学校园文化的"基本内核"，具有教育、导向、凝聚、激励、规范等作用。大学校园文化育人则具体表现为大学对人的塑造作用和教化作用，在人的个性养成、理想信念的确立方面处于不可替代的地位，进而深刻地影响着大学生的思想道德素质。

第二节　高校思想政治教育工作模式存在的主要问题

一、教育理念滞后

针对当前大学生思想政治教育存在的主要问题开展调查研究，结果表明，相对于思想政治教育“内容的单调枯燥”“方法呆板僵化”“脱离社会现实和学生需要”等而言，教育理念的固化守旧才是大学生思想政治教育存在的最主要的问题。

受传统习惯、经验主义的影响，在当前的大学生思想政治教育过程中，仍然存在“重教育，轻自我教育”“重管理育人，轻服务育人”等教育理念层面的问题。换而言之，就是面向大学生开展思想政治教育多于帮助大学生进行思想水平、政治素质与道德修养等方面的自我教育；“教育学生”和“管好学生”往往是大学生思想政治教育者的口头禅。在这种教育理念指导下，大学生在不自觉中变成襁褓中的不能独立思考、无法进行自我教育的孩子，从而不利于人格的完善与个性的发展。

事实上，“大学生思想政治教育应当重视并真正确立大学生在教育实践中的主体地位，满足大学生进行自我教育、自我管理和自我服务的愿望，在强调外在教育干预、不断完善大学生规章制度管理和强调他律重要性的同时，进一步加强大学生自我教育、自我管理与自我服务的有机结合，让学生在知识的海洋中自主地汲取营养，学会探索并发现真理，从而取得对思想、政治与道德的深刻认识；逐步引导大学生主动从学校走向社会，积极参与社会实践，从而在社会实践的锻炼中学会分辨真善美与假恶丑”，以此实现人格的不断完善①。

二、教育内容片面单调

某机构发放的大学生职业素质评价调查问卷，用于调查就业两年内的大学生的职业素质表现。调查结果表明，用人单位在对大学生综合素质、创新意识、工作态度、自我规划、职业忠诚度等十五个方面进行的评价中，用人单位认为大学生团队协作能力差的比例最高，评价差的

①林国旗.当代高校学生思想政治教育理论创新与研究[M].长春：吉林大学出版社，2018：32-33.

比例高达62.1%，其他方面依次是实践能力、心理调适能力、人际沟通能力、自我规划能力和职业忠诚度。可以说，在大学生各种素质维度中，用人单位评价最低的六项均应是大学生思想政治教育的重要任务。但是，大学生认为当前的思想政治教育内容实施最有效的既非道德情操培养，又非社会实践和创新能力培养，而是国情、国史教育(认为有效性排名第一位的占被调查大学生的34.4%)。因此，调查结果从侧面表明当前大学生思想政治教育在内容上存在单调片面的倾向，即片面强调国史、国情等层面的政治理论教育，从而在一定程度上忽略了心理教育、情商培养、实践能力、团队意识与职业道德等层面的教育指导。此外，在大学生思想政治教育实践过程中，往往习惯于遵守千篇一律、千人一面的教育规定和目标要求，从而极易忽略不同特点的大学生在各个成长阶段的不同发展特点；常常会因为一时一事的要求，从而去调整教育内容或内容的侧重点，在一定程度上忽略了大学生成长成才的全面需要，是造成学校教育与社会现实彼此割裂的重要因素之一；社会上出现的一些不良现象或舆论，有时会对大学生的思想产生大于思想政治教育的影响力，极易使大学生思想政治教育内容在现实面前缺乏应有的说服力和感染力。

三、教育方法僵化

对当前高校思想政治理论课教师所采取的主要方法进行调查，结果显示，讲授法是最主要的思想政治理论课授课方法。在当前的大学生思想政治教育实践中，教育者往往忽视双向交流和学生能动性的发挥，尽管相对于早期有了一定的改进，但基本上还是习惯于采用传统的灌输、说教，以及管理方法和手段，导致政治话语、文件话语、权力话语大量充斥在大学生思想政治教育过程之中，教师往往把讲解变为独白，而大学生却通常只能被动地接受教师的知识和思想，从而在一定程度上造成了思想理论知识与大学生的实际生活经验和具体生命体验之间的彼此割裂，大学生也被动地沦为储存信息的容器。

与此同时，调查结果表明，QQ、微博、微信等网络新媒体是当前最受大学生欢迎的思想政治教育方法，在大学生喜爱度排名中将新媒体排在第一位的大学生数占被调查人数的26.8%，而相对而言，将思想政治理论课教学方法排在第一位的大学生仅有7.3%。然而，受科技的高速发展和年龄等主客观因素的影响，部分思想政治教育者往往会因为不能及时掌握最新的网络技术，无法有效利用微博、微信等网络新媒体进行大学生思想政治教育，从而容易使思想政治教育方法表现出单一、枯燥的僵化状态，极易使大学生对思想政治教育萌生抵触情绪和心理，引发青年群体对教育内容的排斥和反感，导致教育感染力和实效性差，教育效果难以真正内化为大学生的日常行为，从而导致事倍功半的结果。

四、教育体制落后

面向高校思想政治教育者开展关于大学生思想政治教育亟待改善的内容调查，除教育理念、教育方法和队伍建设之外，有17.6%的思想政治教育者认为教育体制是最需改善的部分。从当前大学生思想政治教育实践来看，我国大多数高校的思想政治教育体制中融合着强烈的行政色彩，即在大学生思想政治教育体系中既包括思想教育，又包括学生管理，是由思想教育与学生管理两大系统构成的统一体，而负责相关教育工作的不仅包括思想政治教育理论课教师，还包括主管学生思想工作的副书记和主管学生管理工作的副校长的共同运作。在这个庞大的体系中，看似职责明确、机构健全，但实际从事思想政治教育的人员经常会感觉分身无术、多头施教。出现这种局面的深层次原因在于高校在计划经济体制下一直按照事业单位的管理体制设置职能部门，追求大而全，实行党政分管。随着社会的发展和各项体制改革的逐步推行，高校也应根据教育系统的特殊规律，重新构建符合社会发展的思想政治教育体制。

五、队伍专业化水平不高

面向大学生开展问卷调查，在对“大学期间对你帮助最大的人是谁”一题的回答中，认为是辅导员的人数最多，占调查总数的38.4%，而认为是同学、专业老师、家长的人数比例则分别为22.1%、12.6%和11.3%。可见，思想政治教育队伍的教育水平必然对大学生思想政治教育实效性的实现具有重要作用。而且随着素质教育的全面推行，大学生思想政治教育开始强调全面性、层次性和现代性，这就更加要求不断提升大学生思想政治教育队伍的专业化水平，使大学生思想政治教育者具有更完备的学科知识和更现代化的管理手段。然而,调查结果表明,在现实的大学生思想政治教育实践中,参与调查的思想政治教育者普遍认为影响思想政治教育实效性最主要的因素便是思想政治教育队伍建设滞后。

具体来说,这一滞后性主要体现为思想政治教育的基础理论和教育方法研究相对滞后,要么专注事务,忽视研究;要么敏于思考,疏于研究;要么脱离实际,空谈研究;要么方法单一,不会研究,既没有随着经济、文化和信息的不断发展转变必要的工作观念和思路,也没有随着大学生的思想动态变化而更新必要的教育语言和方式,以致限制了思想政治教育的持续发展。此外,通过调查研究可以看出,当前大学生对思想政治教育者最为看重的不是教学水平,而是师德水平和人格魅力。因此,思想政治教育者专业化水平的提高,不仅要强调思想政治教育的理论化水平的提高,而且要强调自身的品德修养和人格魅力的提升。

总体来说,我国大学生思想政治教育模式当前存在的主要问题,基本可以概括为传统的大学生思想政治教育模式与现实条件之间的“四个不相适应”,即教育理念与当今社会现实不相适应,教育内容与大学生的实际需求不相适应,教育方法与当今信息手段不相适应,教育队伍与思想政治教育地位不相适应。尽管大学生思想政治教育状况在逐步改观,但这些现实存在的问题仍然应该引起我们的高度重视。

第三节　高校思想政治教育工作模式问题的成因

一、教育本质的认知异化导致教育理念的滞后

教育从本质上来说即培养人的活动。而促进人的全面发展则是马克思主义教育理论体系的核心内容,也应该是指导我国大学生思想政治教育的认知基础。从中西方教育实践的历史进程上来看,中国古代强调以包含礼、乐、射、御、书、数的“六艺”塑造圣贤之才,而西方的传统教育也强调以包含数学、几何、天文、音乐、语法、修辞、逻辑的“七艺”培养和谐之士。在我国高校的教育实践过程中,由于过分注重对知识、经验和技术等的传授和训练,从而在人才培养的过程中时常出现重知识、

轻价值，重技能、轻理想等倾向。追根究底，在于人们忽视了教育的育人本质，而更加关心教育会带来什么。随着人们对于教育本质认识的异化，大学生思想政治教育也逐渐沦为对学生进行简单加工的工具，片面强调教育好、管理好学生，而忽略了教育对大学生发展的需要，是教育理念滞后的重要原因。很显然，这种教育的最终结果就是制造了大量技能一致、品位一致和特点一致的学生，束缚了学生的自我，禁锢了他们的个性和自由发展，使教育变成了加工厂，生产出大量的“标准件”，而不是一个个全面健康发展的“人”①。

二、教育与现实需求脱节导致教育内容的片面单调

教育与现实需求的脱节主要体现在三个方面：一是当前的大学生思想政治教育与社会发展的现实需求相脱节。主要体现在大学生思想政治教育内容没能及时解决社会发展对大学生思想观念变化所产生的影响问题，没能全面系统地审视社会背景与大学生思想政治教育之间的关系问题，也没能充分体现思想政治教育理论发展的时代性问题，从而极易使大学生在进行道德判断与道德选择时感到困惑和迷茫。二是当前的大学生思想政治教育与知识教育脱节。学科设置的细化将本应是知识教育与思想政治教育相融合的大系统，被人为地分割成为德、智、体、美、劳等板块后并进行简单相加，从而造成了知识教育和思想政治教育各行其道的现象。专业教师往往只重视专业知识的传授，而忽视了专业知识背后所蕴藏的价值理性和道德精神，在思想政治教育过程中也忽略了对大学生职业道德、实践创新能力等方面的内容。三是当前的大学生思想政治教育与真正的品德教育脱节。从思想政治教育的历史经验来看，不注重德育，就会产生“恶人”，但是忽视德育的现实基础，而片面追求至善的道德目标，往往会培养出“伪善人格”。当前的大学生思想政治教育对大学生道德素质的培养仍然以道德知识传授为主，强调道德知识教育作为教育的主要内容，从而极易使教育或者流于形式，或者沦为对至善的狂热追求，“而关乎人的良善生活的理想教育、信仰教育以及真正的品德教育不断消失”，而这种教育与现实需求彼此

①林海峰．论高校校区学生思想政治教育工作的思路创新[J]．中国多媒体与网络教学学报(中旬刊)，2020(8)：67-69.

脱节的现象，就极其容易导致极端片面和单调的教育内容出现，从而大大抵消了教育的应然效果。

三、功利思想的影响导致教育方法的僵化

在极端功利主义思想的影响下，大学这一学术共同体也在一定程度上容易对物质金钱产生顶礼膜拜，从而极易与自身应然的行驶轨道相脱离，陷入严重的矛盾与自我迷失状态。在大学固有的育人理念弱化、接纳新的教育理念滞后的情况下，大学生思想政治教育也似乎在一定程度上沦为一种形式。此外，随着社会本位思想的渗透，越来越多的高校认为教育的目的主要是满足社会现实需求，而非实现个人发展。因而，许多高校在教育过程中往往一味地讲适应、讲实用，从而使人文精神教育空前薄弱，大学生的主体性经常被忽视，而只是强调培养的人要适应社会的需要，适应论思想充斥整个思想政治教育工作系统。社会功利思想对高校的逐步渗透，其后果就是大学生的发展并非大学生自我选择的结果，而是社会肤浅需求的结果，其弊端显而易见。

在这一背景下开展大学生思想政治教育，人们更多的是在思考是否进行了思想政治教育，什么样的思想政治教育方法会更加便捷，并且能够降低教育成本投入，而不在于采用什么样的教育方法才能更有效地推进大学生思想政治教育，切实提升大学生的思想道德修养和政治水平，从而容易导致大学生思想政治教育方法的简单僵化。

四、队伍建设失衡导致队伍专业化水平不高

思想政治教育从本质上讲应该是能够体现对话性的教育，而思想政治教育者则是对话的主导者。从这一层面上来看，思想政治教育者的素质高低很大程度上决定着思想政治教育的效果。当前我国高校的思想政治教育在队伍建设上尽管取得了巨大的成绩，但也表现出一些不足之处，具体体现在如下五个方面：一是高校中讲授思想政治理论课的青年骨干教师相对比较缺乏，尤其是学科带头人数量较少，同时缺乏丰富的教学经验，很难有针对性地对大学生开展思想政治教育的教学工作；二是辅导员队伍建设的专业化水平不高，无论是年龄结构，还是学历结构和知识结构都存在着不同程度的不合理现象，从而难以应对当前复杂的社会环境对大学生思想政治教育的发展诉求；三是心理健

康教育队伍建设明显滞后，主要表现为心理健康岗位重视不足，在编制紧张的情况下，主要由辅导员开展心理健康教育，教育经费投入不足造成师生比例配备不协调，以及专业水平参差不齐等状况，不利于大学生心理问题的有效解决；四是高校党团组织所具有的育人功能没有得到充分发挥，甚至有部分高校的党政领导存在对大学生思想政治教育的价值和意义认识不足、思想政治教育专业知识不足等问题，从而没有把加强大学生思想政治教育作为高校一项十分重要的任务来抓，或者没有将大学生思想政治教育恰当地融入党团组织的建设和发展过程中，成为影响思想政治队伍建设深入开展的重要因素；五是全员育人的机制和软环境有待改善，从当前的大学生思想政治教育实践来看，高校思想政治教育队伍之间相互交流的平台缺失，从而使大学生思想政治教育者之间缺乏有效沟通和协作机制，协同育人的作用不能充分发挥，特别是专业教师和专职思想政治工作者各出其力、各自为政的现象十分突出。

随着改革开放的推进，传统高校思想政治教育模式与不断发展着的经济基础不相适应，与现代教育理念相违背，不能满足现代教育之需，其改革之势呼之欲出，研究大学生思想政治教育模式的创新，对于改革传统模式更好地实现大学生思想政治教育的有效性具有积极意义。

第四节　构建高校思想政治教育工作模式创新的策略

一、构建大学生思想政治教育新模式的培养目标选择

（一）培养目标选择要件

大学生思想政治教育目标是指思想政治教育者依据社会对高校所培养的大学生在思想状况、政治素养、品德修养和行为习惯等诸方面的质量和规格的总设想或规定，是在特定时期内大学生思想政治教育所要达到的预期效果。它明确了大学生思想政治教育的任务，体现了大学生思想政治教育的本质属性，其不仅具有阶级性和政治性的特征，而

且具有历史性与民族性的特点，对大学生思想政治教育模式的建构与创新具有导向性，而这一导向性也决定了大学生思想政治教育的具体内容、方法和形式、过程管理与评价反馈各个环节，对整个大学生思想政治教育模式的建构与创新起着指导、调节、控制的作用，是大学生思想政治教育的出发点和落脚点。

创新大学生思想政治教育模式的培养目标选择，需要立足于如下四个条件：

第一，大学生思想政治教育培养目标必须与国家目标保持一致，体现阶级性与政治性、历史性与民族性的特征。具体来说，各国的大学生思想政治教育目标由于文化传统和国家政体的不同而存在着差异。如英国大学生思想政治教育的培养目标是培养社会的“合格公民”，美国大学生思想政治教育的培养目标是培养积极进取的美国公民，德国大学生思想政治教育的培养目标是具有向世界开放的人格的人，而法国则以培养有纪律的自由人为大学生思想政治教育的培养目标[①]。

第二，大学生思想政治教育培养目标必须能够把大学生思想政治教育活动引导到社会发展对人才素质要求的方向，既需要明确大学生在思想、政治、道德、心理与行为习惯等诸方面的发展方向，更需要满足社会对人才素质需要的预期规格，从而保证大学生思想政治教育活动能够在正确的道路上有效开展。

第三，大学生思想政治教育培养目标须具备有效的凝聚力，既要充分发挥思想政治教育者与大学生双主体的主动性，又要充分利用一切思想政治教育资源，从而使大学生思想政治教育各因素以培养目标为导向协同作用。

第四，大学生思想政治教育培养目标必须立足于时代对于大学生发展的新要求。国际21世纪教育委员会曾提出21世纪的人才必须“学会求知、学会做事、学会共处、学会做人”，即高校的人才培养要着眼于学生的全人发展、全面发展、协调发展和可持续发展，在专业与通识、学养与人格、个人与群体、身与灵等方面的结合上寻求最大平衡，以“乐于学习、善于沟通、勇于承担、敢于创新”为目标，最终培养出深具涵养、有

①刘冬敏.高校学生社区思想政治教育队伍建设研究[D].大连：大连理工大学，2009：18.

广阔胸襟、富使命感和责任感、具有国际视野及善于创新应变的优秀人才。

(二)培养目标选择定位

基于创新大学生思想政治教育模式的培养目标选择要件。我国的大学生思想政治教育培养目标可以从以下诸方面加以概括:一是“政”,即以马克思主义理论、毛泽东思想和中国特色社会主义理论武装头脑,拥护中国共产党的领导和党的基本路线、方针、政策,政治立场坚定、胸怀社会主义祖国、热爱人民和理想远大,具有能够为实现中国特色社会主义事业与中华民族伟大复兴的中国梦而努力奋斗的奉献精神;二是“德”,即品德优秀,具有正确的世界观、人生观和价值观;三是“智”,即学习态度端正、刻苦钻研、目标明确、方法得当、勇于创新,掌握必备的知识技能,具备较高的科学文化素质;四是“体”,即身体健康、热爱运动;五是“美”,即具有辨别是非的能力,具有良好的艺术修养;六是“群”,即具备艰苦奋斗的精神和强烈的社会责任感,人际交往能力强;七是“情”,即自我认知能力强、情商高;八是“事”,即动手能力、实践能力强;九是“灵”,即人格健全、心理健康;十是“续”,即耐力持久、肯于钻研、持之以恒。其中,“政”为核心,“德”为基础,“智”为根本,“体”和“灵”为前提,“美”“群”“情”“事”和“续”为拓展。

总之,创新大学生思想政治教育培养目标即要把大学生培养成为政、德、智、体、美、群、情、事、灵、续诸方面,即全面可持续发展的社会主义事业的合格建设者与可靠接班人。

二、构建大学生思想政治教育新模式的教育内容选择

创新大学生思想政治教育模式须根据时代的变化和大学生发展,及时进行教育内容的选择和创新,不断充实和丰富教育内容,拓展思想政治教育领域。

(一)教育内容选择的基本原则

大学生思想政治教育内容是为了实现思想政治教育目标而进行的教育实践活动。随着大学生和社会发展双重需要的变化,大学生思想政治教育目标在适时调整与重新选择定位的同时,有必要进行大学生

思想政治教育内容的选择与确定。进行教育内容选择需要遵循以下基本原则。

1.坚持思想政治教育内容的政治性与大学生发展性相结合

一直以来,大学生思想政治教育都十分重视政治意识形态教育,并强调通过课堂灌输的方式使学生掌握政治理论知识,虽然在一定程度上满足了社会政治要求,但忽视了思想政治教育在促进大学生个性发展层面的教育使命,使思想政治教育脱离大学生实际需求,陷入空洞说教。因此,为创新大学生思想政治教育模式,在教育内容选择上须以政治教育为核心,同时也要重视大学生的发展。

2.坚持思想政治教育内容的理论性与实践性相结合

如前所述,课堂灌输是大学生思想政治教育的主要方式。可以说,课堂也是进行思想政治理论教育最有效的方式。但是,相对于课堂上收获的间接认识而言,实践是获得认识的直接来源,而且是检验真理的唯一标准。特别是近年来,大学生的实践能力日益受到重视,与社会实践教育覆盖面不广之间的现实矛盾逐渐突显出来。因此,选择与创新大学生思想政治教育内容必须坚持理论性与实践性相结合,以课堂教育为主,辅之以社会实践活动,从而使大学生在现实情境中切身体验并灵活运用所学知识和已有经验,形成对马克思主义基本理论,中国特色社会主义理论体系,以及党的基本路线、方针、政策与国际国内热点问题更加深刻的认识。

3.坚持思想政治教育内容的稳定性与时代性相结合

从我国大学生思想政治教育历史来看,教育内容主要是特定时期社会主流意识形态,但是内容与现实的国情、社情之间的联系不紧密,与不同时期大学生的发展需要之间的联系不紧密,对现存的实际问题缺乏针对性的回应与解释,从而表现为教育内容脱离实际,难以让大学生入脑入心。因此,大学生思想政治教育内容的选择与创新须在坚持政治意识形态教育稳定性的同时,再结合时代发展的需要,实现全方位覆盖的教育内容:既包括爱国主义教育、公民品德教育等思想政治范畴的教育,包括学习态度、学习习惯、专业认知等学业督导范畴的教育,包括艺术鉴赏等人文素养范畴的教育;又能够帮助大学生解决发生在身边的实际问题，想其所想、急其所急，采取主动干预的方式，促进大学生的可持续发展，提高大学生的综合素质等。

（二）教育内容选择的主要维度

大学生思想政治教育内容选择在坚持政治性与大学生的发展性、理论性与实践性、稳定性与时代性的基本原则基础上，为实现思想政治教育的综合化模式，需要从如下五个维度全面地进行教育内容选择。

1. 政治理论与理想信念教育

政治理论教育是社会意识形态在社会传播的主要途径，而理想信念则是人们价值追求的目标，是支配人们行为的精神动力。通过政治理论教育能够帮助大学生坚定社会主义信念与共产主义理想，培养大学生的理想信念，提高大学生的政治觉悟和理论素养，帮助大学生建立科学的思维方式，实现全面发展的目标。

2. 传统文化与思想道德教育

随着改革开放的不断深入和社会主义市场经济体制的建立，大学生的价值体系受到拜金主义和享乐主义等思潮的侵蚀。在多元化价值观的影响下，部分大学生抛弃了勤俭节约等传统美德，重享受轻奉献、讲奢侈轻节俭、重利轻义等现象时有发生。针对这一现象，大学生思想政治教育内容有必要融入传统文化内容，用我国传统文化当中蕴含的精深的哲学思想和深厚的人文底蕴来浸润大学生的思想，开展以社会主义核心价值观为基本内容的思想教育，突出道德教育的基础性地位。

3. 创新教育和实践教育

充分开发人的潜能，培养创新能力是21世纪教育的最高目标。因此，创新教育势必需要纳入大学生思想政治教育的内容范畴。开展创新教育具体包括如下方面：一是创新教育必须立足于专业素养的不断提升。大学的专业知识教育是帮助大学生掌握专业知识，并建立合理的知识结构的教育。一般来说，合理的知识结构既要能满足专业和社会生活的需要，又要有自己的独特之处，博而不杂，专博结合。合理的知识结构应当具备要素齐全、比例协调、构成灵活、动态调整等特征。专业知识是构建大学生知识结构的核心知识，同时也是大学生创新必备的认知基础，对于大学生成才具有基础性作用；二是要求营造校园鼓励创新、崇尚创新的氛围，通过学术讲座、学术论文比赛、创造成果展评等科技创新活动，增强大学生的创新意识，提高大学生的创新能力。此外，能力是智力的表现形式，分为智力类能力和操作类能力，它是知识和智力的结晶，在人的智能结构中发挥着效应转化器的作用。能力教育对于大学生来说至关重要，对大学生成才具有现实的和潜在的作用。因此，实践教育必须纳入大学生思想政治教育的内容体系当中，从而帮助大学生提升善于解决问题的实践能力。

4. 身心素质教育与就业教育

高校应当关心大学生发展过程中遇到的身体、心理、就业发展等各种问题，而这一系列问题也正是大学生思想政治教育所需要解决的重要内容，需要充分发挥咨询功能，通过建立咨询机构、健全咨询制度、构建咨询网络等方式提供指导和服务，促进学生健康发展、快乐成才。身体是开展一切其他活动的基础，大学生应当努力提高自身的身体素质，为全面提高自身素质奠定良好的身体条件。加强体育锻炼可以强健体魄、培养良好的心理品质和社会适应能力。身体素质教育在为大学生奠定健康的身体基础、培养良好的社会适应能力、促进智力的培养和提高、培养良好的心理品质等方面都具有十分重要的作用。同时，大学阶段正是人的心理逐步走向成熟的关键时期，也是人的生理和心理迅速发展时期。大学生思维活跃、接受新鲜事物速度较快，但是大学生的社会经验缺乏，处理人际关系和辨别是非的能力尚有不足，对失败和挫折还不能有效应对，因此开展有效的心理健康教育对于大学生的全面发展意义十分重大。

此外，应重视开展就业教育。高校就业指导工作应贯穿大学学习的始终，通过各种有效的方式，帮助大学生树立正确的择业观，掌握就业技巧，提高社会适应能力。做好职业生涯规划，并做好创业培训。事实上，创业对于弥补就业岗位不足、增强毕业生社会参与的深度具有十分重要的意义。国外高校非常重视学生创业意识和创业能力的培养，而我国在这方面尚处于起步阶段。在论及创业创新文化时，强调“让人们在创造财富的过程中，更好地实现精神追求和自身价值”[①]。目前，创新创业教育已经在全国高校大范围普及开来，但教育的深度及成效目

①王占仁. 中国创新创业教育史[M]. 北京：社会科学文献出版社，2016.

前还尚待观察，不过总体而言，创新创业的普及，对于转变大学生就业观念、激发大学生的创业激情、培养大学生的创业精神、提高创业技能都具有重要意义。

三、构建大学生思想政治教育新模式的教育方式选择

教育方式是在一定的教育理念指导下，遵循教育的一般规律和基本原则，为实现教育目的所设计的具有策略性的途径。构建“五维一体”综合性的大学生思想政治教育模式，必须立足于思想政治理论课在大学生思想政治教育中的主渠道作用，同时又必须防止理论教育的形式化和外在化，在采用传统课堂灌输的教育方式之外，需从多样性、综合性、常态化与隐性化的角度选择相应的教育方式。

（一）高校、家庭、媒体、社会相衔接的日常化教育方式

所谓日常化的思想政治教育方式，实质上就是将思想政治教育与大学生的日常生活密切结合起来，从而使思想政治教育的内容和目标要求，自然而然地成为大学生本真的思想和行为习惯。这就要求思想政治教育必须从大学生日常生活的点滴着手，充分利用大学生的生活情境开展全方位的教育活动。具体来说，既包括高校贯穿大学生日常生活的教育、管理与服务，如高校为解决大学生实际困难所进行的咨询教育等；又包括大学生所受到的社会大环境影响，如家庭教育、媒体引导与社会实践活动参与等。

1. 大学生思想政治教育的咨询教育方式

针对大学生的实际需求，高校的咨询教育应主要涵盖心理、学业与就业三个层面。具体如下：

（1）心理咨询

高校开展心理咨询应当注意以下三个方面：

第一，要重视心理咨询在大学生成长中的重要作用。众所周知，人的心理健康与生理健康同等重要。就大学生而言，由于学习与就业压力大、处理人际关系能力较弱、情感丰富而易受伤害、抗挫折能力较弱、社会生活中理想与现实落差大等原因，心理问题尤易频发，及时针对大学生学习、生活中出现的心理问题与困惑，开展咨询教育可以有效帮助

大学生管理情绪、舒缓心理、振奋精神，从而更好地投入到学习生活中。

第二，要摆清心理咨询与思想政治教育之间的关系。心理咨询与大学生思想政治教育既相互联系又有明显区别，二者不可转代，更不可割裂。大学生思想政治教育包含着大学生心理健康教育，而心理咨询能够有效帮助大学生解决心理问题，进而促进思想政治教育的开展。如前所述，在当前新的现实条件下，高等学校培养出的学生不仅要有良好的思想道德素质、充足的科学文化储备和健康的体魄，还需要有良好的心理素质。长期以来，高校思想政治教育往往只重视学生思想观念的形成，而忽视了学生心理素质的培养；只关注国家和社会对学生思想政治道德规范的要求，而忽视了学生的心理素质教育，一些学生的心理障碍往往被当成思想问题去处理，使大学生思想政治教育失去了针对性和实效性。在此背景下，借鉴并吸收心理咨询的有关理论、方式方法、工作模式等，将有助于大学生思想政治教育的开展，从而进一步贴近大学生的实际需要，使其走向生活化、科学化、具体化和实用化。

第三，要努力提高高校心理咨询的专业化水平。高校应该适当引进专业从事心理咨询的人员承担大学生心理咨询工作，同时大学生思想政治教育工作者也应当由被动转向主动，积极学习掌握心理咨询的专业知识，通过课程教学、专题讲座、资格考试等多种形式开展大学生心理咨询服务。注重从对大学生进行个体咨询向实现个体咨询与团体咨询相结合转变，向咨询实践与咨询科研相结合转变等。将大学生心理健康教育与咨询作为思想政治教育的重要内容，通过宣传与普及大学生心理健康知识，建立并不断完善大学生心理健康档案，组织并指导大学生心理自助活动等手段，及时帮助大学生解决心理困惑，从而切实提升大学生的心理素质。

（2）学业咨询

学习是大学生的主要任务，很好地完成学业是大学生获取专业知识，并进一步形成科学的思维方式与培养创新精神的基础。进入大学后，学生面临着学习环境、学习方式等一系列变化，从而容易出现厌学、自我迷失等现象。面对大学生的学习困难，高校必须将学业指导和咨询作为大学生思想政治教育的重要方式之一。具体来说，建立有效的学业咨询体系应当从以下四个方面入手。

第一，成立学业咨询的专门机构。通过制定相应的规章制度、聘请学业咨询导师、开展学业咨询理论研究等方式，使学业咨询专门机构切实发挥督导学生学习、解决学生学业实际问题和挖掘学生学业潜能的积极作用。

第二，举办学业咨询培训活动。对从事学业咨询的人员进行培训，使他们掌握相应的理论、技能和方法，从而提高学业咨询的专业性与科学性。

第三，构建科学的学业评价和预警体系。有针对性地建立评价和预警体系，对大学生的学业情况加以科学分析和判断，从而对出现学业问题的大学生进行及时的提醒。

第四，丰富学业咨询形式。采取学习经验交流会、建立学业咨询社团、成立学业咨询工作室等更加灵活、多样、有效的手段开展学业咨询。

（3）就业咨询

就业越来越成为衡量高校教育质量的重要指标，同时也是大学生最为关注的毕业出口之一。建立良好的就业咨询体系应当从以下两个方面入手。

第一，要建立完善的就业咨询机制。高校应当成立专门的就业指导部门，合理利用本校教师资源和社会用人单位资源，聘请具有实际经验的专业人士对大学生进行系统性的就业指导。同时，对大学生的就业咨询应当贯穿整个大学阶段，从认识专业属性、建立合理的知识结构、科学规划职业生涯到具体的择业就业技巧等，应当结合大学生不同阶段的具体需求开展不同的就业咨询。

第二，就业咨询要以培养大学生正确的就业观和发展观为要点。要通过就业咨询体系培养学生正确的就业观念，使大学生能够在正确认识自己、正确看待社会形势的前提下，选择适合自身的就业岗位，从而使大学生认识到在未来的社会环境下，“一岗定终身”已不再是常态，而终身学习才会是未来社会的常态，只有不断学习和进步，才能跟得上社会发展的步伐。

（4）人际关系咨询

对于大学生而言，将人际关系咨询纳入大学生思想政治教育方式中，对于帮助他们正确地处理人际关系很有必要。建立良好的人际关系咨询体系，可以尝试从以下三个方面入手。

第一，要对大学生人际关系问题引起重视。从中学到大学，生活学习环境发生重大改变，大学的社会感显著增强，人际关系比中学阶段要复杂得多，部分大学生难以适应，从而引发一些心理健康问题。有研究表明，人际关系状况与大学生的心理健康水平有显著的相关关系。这种相关关系具体表现为：拥有良好的人际关系有助于大学生拥有健康的身心，从而能够促进学业进步；反之，人际关系不良则常常会导致心理失衡，极易出现空虚、焦虑、心情压抑、抑郁等心理问题。可以说，人际关系咨询是促进和维护大学生心理健康的迫切需要和良药。

第二，大学生人际关系咨询是高校全体教职员工共同的责任。人际关系无处不在，人际关系咨询也理应无处不在。除了心理咨询的专业人员外，高校辅导员、教师和同学，甚至宿舍的管理员都可能成为大学生倾诉人际交往困难的对象。因此，高校应当树立人人都是人际关系咨询员的理念，充分发挥专业人员的带动和指导作用，鼓励每个人都要学习人际交往知识，规范人际交往行为。

第三，要在人际交往咨询过程中培养大学生良好的人际交往行为。要让大学生了解和把握成功的人际交往原则：平等交往、尊重他人、真诚待人、互助互利、讲究信用、宽容大度。要注重人际交往技能的培养，使其善于表达、学会倾听、合理调控。

2.社会支持体系下的大学生思想政治教育方式

如前所述，社会支持体系下的大学生思想政治教育方式，主要包括家庭教育、社会实践育人和传媒引导三个方面，而且它们的实现机制也主要通过这三个着力点，在认知、心理和行为方面给予大学生个体不同特点的社会支持。

（1）家庭教育

家庭是人们生活的重要场所，家庭气氛、家庭教养方式和家庭结构为大学生提供经济、心理、接纳等综合性的支持资源，对大学生的成长成才具有重要影响，中国重视家庭教育的传统源远流长，“子孙贤则家道昌盛，子孙不贤则家道消败”“苟家人之居正，则天下之无邪”“家之正则国之定”等古语都体现了家庭教育的重要性。而美国的一位社会科学家则把家庭称作“社会经验的看门人”，并且认为“家庭教育与儿童政治意识的形成有着密切的关联”。此外，其他国家也十分重视家庭教育的地位，强调家庭教育对学校教育的补充作用。譬如，美国教育部曾明确规定：所有的家庭和社区都应该充分地参与到与学校共同分担责任的伙伴关系中来，成为支撑学生成长成才的重要社会支持元素。随后，美国教育部还建立了将“学校已有的和新编的各种课程、特别教育计划、学生的日常生活、学校环境以及社区和家庭的各种资源和活动”紧密联系起来的“德育情境”来进行品格教育。而日本民谚中则有“三岁之魂，百岁之才”的说法。除此之外，新加坡的“邻里中心”、澳大利亚的“邻里守望制”、英国的“把餐桌当成课堂”传统等都体现了家庭教育的重要性。

（2）媒体引导

早在20世纪20年代，美国著名新闻评论家沃尔特·李普曼（Walter Lippmann）在《公众舆论》一书中就指出，对超出自身感知之外的事物，人们只能通过各种新闻供给机构去了解。在当今大众媒体时代，大学生的思想与行为受到舆论导向的影响越来越明显。换而言之，充分利用传统媒体与网络新媒体对于大学生思想政治素质的提升具有重要的引导作用。然而，在市场利益的驱动和消费主义的诱导下，媒体的过度市场化带来的“泛娱乐化”倾向，严重颠覆了大学生群体的道德标准，混淆了其是非判断的价值观念。加强媒体“社会支持”管理的作用，应当体现在为大学生思想政治教育营造良好的社会舆论氛围，并通过媒介宣传、沟通交流、教育引导、榜样示范与审美熏陶五种手段担负起大学生思想政治教育的功能与使命。

（3）社会实践

实践活动是指人有目的地改变现实的感性物质活动，是客观物质性和主观意识性的统一。大学生实践活动包括校内实践和社会实践，重点是社会实践。社会实践对于提升大学生的思想政治素质和道德品质都具有积极作用。

随着时代的发展，世界各国也越来越强调青年参与社会的重要性，强调学校与社会的“无缝连接”。比如，“服务社会”是美国通过社会实践培养学生适应社会的典型方式之一，许多州甚至通过法案强行规定学生必须参加这类活动才能毕业。强化活动参与在大学生思想政治教育社会支持中的实践效能，其关键就在于优化社会环境。此外，德国教育家狄尔泰（Wilhelm Dilthey）还指出："只有通过融入了感情的心灵体验达到心灵相通、互相理解，才能真正而完美地理解生命的意义。"因为道德是源于生活的，所以"美德永远不能从外面灌输进去"，只能通过积极参与社会实践活动，从社会生活中的真实体验中不断习得。可见，社会实践活动是大学生思想政治教育社会支持体系的重要组成部分之一。而社会实践作为大学生思想政治教育方式的重要地位，则主要包括如下四个方面：

第一，社会实践是提升大学生思想政治素质的有效途径。实践是人类改造社会的基本行为，是认识产生的源泉，也是掌握理论、运用理论的有效方式。一方面，大学生思维活跃，接受新鲜事物能力强；另一方面，大学生社会阅历较浅、缺乏经验，社会实践可以帮助大学生更深入地认识和了解社会，更准确地寻找社会当中的难点、热点问题，更有针对性地思考解决问题的途径和方法，从而更有效地提高大学生的思想政治素质。

第二，社会实践是培养大学生创新能力的有效途径。社会实践是对大学生知识素质的实践检验，大学生在人与人的交往中、在具体工作的实践中和在克服困难的过程中，都能对社会交往能力、组织管理能力、创新能力等进行有效锻炼和提高。社会实践中接触到的新鲜事物为大学生创新能力的培养提供鲜活的元素和持久的动力。

第三，社会实践是塑造大学生道德品质的有效途径。通过社会实践，大学生可以深入了解国情，从而激发他们的爱国热情，树立为国家和社会发展与进步而努力奋斗的精神。同时，社会实践还能够帮助大学生树立良好的社会公德。

第四，社会实践是培育大学生良好的心理素质的有效途径。大学生在社会实践中能够磨砺意志品质，提高心理承受能力。"纸上得来终觉浅，绝知此事要躬行"，参加社会实践，可以帮助大学生去除浮躁和眼高手低的毛病，培养攻坚克难的勇气和决心。

总之，要充分发挥社会支持元素在大学生思想政治教育过程中的重要作用，就必须通过管理创新，运用有效的介体把各着力点的道德教育功能连接起来，激活其各自的积极作用和正面影响。这种有效的介体主要分为三个类别:一是有效的心理健康教育。心理健康教育的实施,既是启动社会支持对大学生思想政治教育产生影响的起始点,又是整合社会支持对大学生思想政治教育实际效果的归结点。高等学校通过心理健康教育的开展,在倾听共感的基础上,掌握大学生缺乏社会支持的主要表现,进而提出有针对性的解决建议。二是顺畅的组织体系。发挥社会支持的思想政治教育效能的核心是人际关系的建立,创建能够充分给予大学生社会支持的组织体系,如学生社团、兴趣小组、一对一牵手等,可以最大限度地激发社会支持在大学生思想政治教育中的良好作用。三是合理的规章制度。任何模式的创建和完善都有赖于制度的规范。目前一些高校实施的家访、"校园家长开放日"等制度,利用家长乐于了解学生在学校中的情况这一正面因素,将家庭教育适时引入学校教育,为大学生思想政治教育提供有力的家庭教育支持。

(二)以校园文化等为载体的隐性教育方式

长期以来,在我国大学生思想政治教育实践中较多采用比较直接的、正面的灌输式显性思想政治教育方式,虽然取得了明显的育人效果,但不可避免地存在一定的局限性,影响着大学生思想政治教育的实效性。因此,有必要在采用灌输式显性思想政治教育方式的同时,充分发挥间接的、内隐的,可以使受教育者在潜移默化中受到影响的隐性思想政治教育方式的育人功能。事实上,社会大背景下的家庭教育、媒体引导与社会实践参与,在大学生思想政治教育中所具有的影响力均是潜移默化的,但是从高校的育人角度来看,校园文化则是其中最为重要的隐性教育载体之一。

由此可见,高雅、积极和向上的校园文化,能够通过大学生喜闻乐见的形式对大学生进行文化熏陶和思想引领。因此,有必要充分发挥各种校园文化载体在大学生思想政治教育中的正面引导作用。以校园文化为载体,发挥隐性思想政治教育功能不仅需要有明确的指导思想为文化育人提供保障,还需要有明确的建设目标为文化育人指明方向,需要有系统的理论架构为文化育人奠定基础,需要有有序的实践探索为文化育人提供经验,还需要从以下几个方面着手:

1. 进行高校校园文化建设

如前所述，高校的校园文化包含物质文化、制度文化和精神文化三个层面，而且这三个层面之间是彼此递进的关系，由此构成了校园表层文化、中层文化和深层文化。因此，校园文化建设也须遵循由表及里、由浅入深的逻辑。

（1）校园表层文化建设

校园表层文化建设是以校园硬件环境建设和校园活动为主要内容的。校园表层文化建设必须始终坚持以人为本的理念，文化建设成果易于被大学生所接受，不仅具有吸引力，而且能够体现出创造性等特点。具体来说，校园硬件环境建设是物化的文化，是可以用肉眼直接感受到的，比如一所学校的宣传橱窗、校园石刻、景观小品等。而校园活动则是由学校组织或者学生社团自发组织的各种课外活动的集合，它对于培养学生的组织协调能力、团队合作能力、创造力等均具有十分重要的意义。通常说来，有很多大学毕业生即便回忆不起来某门课所学的内容，却可以清晰地记得自己曾经参加过的某次令他们印象深刻的活动，可见举办深受大学生喜爱的校园文化活动，对于拓展大学生思想政治教育平台，帮助大学生成长成才具有很强的推动作用。

（2）校园中层文化建设

主要体现在两个层面，分别是文化类课程建设与制度文化建设。具体来说，就是设置诸如案例研讨式德育、心理援助与自助、人际关系学、职业生涯规划与指导等思想文化教育类课程，可以从课程文化的视角丰富校园文化，产生育人价值。而且在此过程中，教师的知识素养、文化意识、价值理念、思维方式与行为习惯等，也可以随时随地并潜移默化地影响大学生，既是校园文化育人的主体，也是重要载体。事实上，校园文化在课堂上始终处于不断生成、碰撞、抵消和重构的动态过程中，具有不可控制的复杂性，同时也势必具有不可限量的育人价值。此外，校园中层文化建设还体现在制度文化建设上。制度是必要的存在，在制度文化的建设过程中必须始终坚持以学生为本，把规章制度的刚性要求降到最低限度，从而实现制度文化建设的终极追求，更加有助于实现制度文化育人的有效性。

(3)校园深层文化建设

校园深层文化建设主要体现在大学精神的建设上。具体说来,学校的办学理念和校训及其深刻内涵、育人目标等都是围绕在大学精神基础上的校园文化深层次表现。

可以说,一所具有深厚的历史沉淀和较高文化涵养的大学,其校园文化的内核无论是经历着从无到有的过程,还是由错落到精致,直至大象无形的历史轨迹,均体现出学校建设和发展的方方面面。在学校历史发展的进程中,大学精神会渗透到高校的每一个细节,当这种渗透与浸润达到一定程度之时,大学精神的内涵便会自然地气韵四溢、香泽周边,熏陶着在这一文化场域中的每一位大学生。此外,大学精神主体形态的形成并非只是其自身历史积淀的单纯过程,而更多的是在多种文化的交融碰撞中不断地汲取多元文化精髓,塑造起自己所特有的文化磁场,并在这种文化磁场中滋养自己的代代学子,而且使大学生带着母校的文化基因走入社会的各行各业,成为中国特色社会主义事业可靠的智力保障,正是校园深层文化建设想要达到的最高境界,同时也是校园文化作为隐性思想政治教育方式的价值所在。

2. 实现高校校园文化建设与实现文化育人的"一点""两面""三性""四加强"

通常说来,校园文化应该具备原创性、综合性、自觉性和独特性四个重要特性。具体来说,校园文化的原创性是指校园文化应该由本校师生在教育实践过程中共同创造;综合性是指校园文化应是在物质文化、制度文化和精神文化上的综合体现;自觉性是指学校的核心价值观不是在外在宣传与强加的基础上形成,而是经历不断的内化而成为师生的自觉要求;而独特性则是指校园文化应是本校所独有的,而不可为其他学校所复制。从总体上看校园文化,它应该是高雅脱俗且充满正能量的文化成果,而且也只有这样的校园文化才能真正起到育人的良好效果。

但是,从校园文化建设的实际情况来看,当前很多高校不惜耗费巨资请专业设计公司为学校设计、制作校园标识或校园景观。可以说,这种行为不仅使本应具备很高文化含量的校园文化失去了创造性,从某种角度而言，这反而使学校丢失了可贵的原创性、自然性和特殊性文化特征，而且对于校园文化作为思想政治教育载体产生釜底抽薪的消极影响。因此，为实现文化育人功能，应重点关注的不仅是学校中的管理文化和组织文化等制度文化建设，而且包括学校中课堂文化和课程文化等学术文化层面的建设，而非仅仅停留在物化的表层建设。

具体说来，还应当注意其中的“一点”“两面”“三性”“四加强”。

“一点”是指要找准校园文化建设的立足点。具体来说，学校文化建设应该立足于学校自身的建设和发展，立足于全校师生的发展和成长，不仅体现为为了学校自身发展作为学校文化建设的出发点，而且体现为将实现学校的自身发展作为学校文化建设的落脚点，更加体现为文化育人应该面向全校师生这对教育主体与受教育主体。但是，就目前的状况而言，仍有不少高校的学校文化建设偏离学校文化建设的根本宗旨。具体来说，表现为以加强宣传工作为目的，或者以建设形象工程为目的，又或者以随大流为目的，再或者以此作为争取经费的要件等。因此，高校必须准确把握校园文化建设的立足点。从学校全体师生的智慧中来，到为促进学校师生的发展成长与学校的自身发展中去，秉承“以人为本”“以尊为先”等文化建设理念，坚持立足自身、实事求是的文化态度才能取得良好的效果。

“两面”是指要重点把握好校园文化的内涵和外延，并尝试将二者有机结合起来。具体来说，学校文化建设所秉承的核心价值观、基本原则和根本宗旨等是校园文化的内涵，而校园文化的外延则是其具体表现形式，包括环境布置、规章制度、行为规范和管理模式等内容。从内涵和外延之间的关系来看，如果没有深刻的校园文化内涵，进行校园文化育人的一切形式和成果也都只能是形同虚设。反之，如果没有适当的校园文化外延，内涵也就不能外化为具体的文化载体，从而只能沦为水中月、镜中花。在校园文化建设的实践过程中，人们往往对校园文化的外延关注得较多，而忽视了内涵的塑造。然而，实际上重视并加强校园文化的内涵建设，是提升校园文化建设水平、增强校园文化效力的关键所在。

“三性”则是指在建设校园文化的过程中始终要坚持民主性、系统性和发展性。所谓的民主性是指在学校文化建设的全过程中，即从学校文化内容的形成到文化载体的选择，均要充分发动并依靠全校师生，而不能搞“一言堂”，因为针对校园文化建设而开展的民主讨论和征求意见的过程，事实上也是对校园文化不断宣传和内化的过程。总之。校园文化建设的民主性是实现校园文化原创性、自然性和特殊性的重要前提。对于系统性而言，则是要求校园文化建设要在系统规划和全盘考虑之下进行，无论是建设理念，还是实现形式；也不论是活动方式，还是物质或精神产品，都需要在这一全盘系统中进行。发展性则是指校园文化的建设要保持连续性和与时俱进，不能出现“三天打鱼两天晒网”、随机安排等状态。校园文化建设也必须不断发展和创新，真正做到流水不腐、户枢不蠹，才能使校园文化育人实现真正的“育所有的人”“育人成长的每个环节”。

“四加强”是指在进行校园文化建设过程中加强思想认识、加强领导、加强引导与加强活动。首先，加强思想认识是基础。文化是看不见摸不着的东西，而且校园文化需要长时间的积累和沉淀，因此，人们难以对校园文化有足够的重视。那么要实现文化育人，就必须不断加强宣传，提高人们对校园文化的认识水平和重视程度。其次，加强领导是关键。“火车跑得快，全靠车头带”，学校领导对校园文化重视与否直接关系到高校校园文化建设的好与坏。再次，加强正确引导是原则。要在校园里构建健康向上、高雅质朴、文明科学的校园文化需要正确的引导，否则各种伪文化就会乘虚而入。最后，加强活动是根本。校园文化是以活动为载体的，要开展各种丰富多彩的校园文化活动，这是实现校园文化育人的根本所在。

四、构建高校学生思想政治教育新模式的教育过程选择

(一)由外在干预到自我教育的过程选择

教育过程是教育活动展开的过程，是教育者依据教育目的和学生发展的阶段性特点，在特定的教育场域中使学生逐渐掌握教育内容、积累知识、发展技能和培养品性的过程。对于大学生思想政治教育过程而言，就是指教育者为实现大学生在思想政治修养、道德品质、身心素质、网络媒介素养、创新实践能力诸方面不断提升的过程，它是思想政治教育模式的重要组成部分。因此，为创新大学生思想政治教育模式，

实现“五维一体”综合化的大学生思想政治教育模式。从教育过程来看，不仅需要强调大学生思想政治教育的外在教育干预环节，而且必须强调大学生自我教育的内化环节。换言之，构建大学生思想政治教育新模式必须选择由外在的教育干预到大学生自我教育的教育过程。

对于大学生思想政治教育而言，学校课堂教学以灌输式为主的思想政治教育，包括发展咨询教育、家庭教育、媒介引导、社会实践活动等在内的日常化思想政治教育，以及以校园文化为重要载体的隐性思想政治教育，均是对大学生进行教育干预的外在思想政治教育因素。然而，外在教育干预的施行并非大学生思想政治教育过程的完结，而只是其中的一个重要环节，在此基础上，引导大学生通过自我教育的终极环节将思想政治教育内容与目标内化为自身的思想、政治、道德、心理等方面的素质。

大学生的自我教育包括“自我”和“教育”两个主要范畴，是指大学生在自我认知基础上，进行发展目标的自我设计，将外在教育干预的任务和目标融入自我发展的目标过程中，通过自我要求、自我调控以及自我评价的过程，有效地完善自身的素质和能力结构的过程。在大学生思想政治教育过程中，自我教育的作用可以概括为以下三个方面。

第一，自我教育可以补充外在干预教育环节中主体性缺失的不足之处。具体来说，教师不可能把所有的知识、理论、价值和思维方式等都传授给学生，因此，授之以鱼不如授之以渔，教育的关键就是让学生学会学习和促进自我可持续发展的有效方法。通过自我教育，大学生能够补充自己在干预教育中没有获取的能力素质，还可以根据自己的兴趣爱好拓展其发展空间，为未来的发展储备更充分的能力和资源。

第二，自我教育能够充分彰显个性，完善大学生的素质结构。通过自我教育环节，大学生可以从自己的现实需求出发，主动设计自己在思想、政治、道德、身心等素质维度方面的发展目标，从而更有效地弥补现有素质结构的不足。

第三，自我教育能够培养大学生健全的人格和心理。可以说，自我教育是一个持续性的过程，从确定发展目标、筛选教育内容和选择自我教育方法，到克服其间遇到的困难、调整教育策略和评价自我教育效果，再到将自我教育成果转化为思想道德素质、政治意识、身心素质、创新和实践能力等,都需要大学生以足够的激情、耐心、毅力和勇气去应对,而这一过程本身就是对大学生健全人格和心理的有效培养过程。

可以从大学生思想政治教育的契约管理模式中揭示由外在干预到自我教育内化的教育过程。如前所述,从契约的精神内涵和教育的本质属性来看,构建大学生思想政治教育的契约管理模式,有其现实意义和可行性。虽然契约在教育领域的应用不同于在经济领域、法律领域和政治文化领域内的应用,其具有隐性、不完全性和非正式性的特点,而且关于如何进一步拓宽其在大学生思想政治教育领域的适用范围,进一步提高教育的实效性,还需要在观念、制度和内容上进行深入探讨。但可以确定的是,在大学生思想政治教育的契约管理模式当中,除了需要有必要的制度安排层面之外,还要有大学生主动缔约层面,这一层面的构建以激发学生主观能动性为核心。针对某次问卷调查中“你对参与学校事务持何种态度”一题,11.8%的学生选择“主动制造机会,积极参与”,36.3%的学生选择“看情况,如果方便的话可以参与”,51.9%的学生选择“无所谓,不感兴趣”。这一调查结果反映了当前大学生对主动参与学校事务的意识薄弱。公民教育作为大学生思想政治教育的一项重要内容,应当培养大学生的独立意识、理性思维和批判态度,培养大学生关心国家、关注社会、积极参与和主动奉献的素质。因此,为增强大学生的民主观念和公众意识,契约管理模式应当在这一层面为大学生在制度、认知、情绪等方面提供良好的支持系统。

(二)践行教育过程的基本保障

大学生思想政治教育作为一个正在不断发展成熟的教育体系,不仅具有严密的组织结构和管理架构,而且具有组织的严密性、内容的系统性、环境的理想性、目标的明确性等特点。从这一层面上来看,大学生思想政治教育由外在教育干预到大学生自我教育的内化过程得以实现,除需要建立在拥有完整的教育内容体系、明确的教育目标导向和有效的教育方式外,还需要相应的教育队伍保障和管理制度保障。

1. 教育队伍保障

大学生思想政治教育队伍是有效开展思想政治教育、实现思想政治教育目标、践行教育过程的基本保证。为构建大学生思想政治教育新模式，保障教育过程的顺利进行，首先需要构建创新型大学生思想政治教育队伍。然而，创新型大学生思想政治教育队伍必须是摒弃传统经验式的模式，按照科学化、专业化、研究化、学术化的标准建立的具有系统理论指导的新群体。具体标准包括五个方面：一是专业化教育素养；二是丰富的学科知识积累；三是一定的专业声誉；四是具备专业研究能力；五是有法律、法规或者政策对专业的支持。

2.管理制度保障

（1）营造大学生思想政治教育的一体化工作环境

目前的大学生思想政治教育工作环境主要呈现出条块化分割的状态，各个部门、学院（系）都负有大学生思想政治教育的职能，甚至有时会因为工作交叉而产生矛盾。可以说，这种条块化分割的工作平台，一方面浪费了资源，另一方面无法形成合力，从而容易使大学生思想政治教育的作用无法得到良好的发挥。笔者认为，调动全体教职员工的育人职责和功能，营造大学生思想政治教育一体化的工作环境，是践行大学生思想政治教育过程、创新大学生思想政治教育模式的组织管理保障，从而对形成大学生思想政治教育全员育人的合力具有积极作用。

（2）进行大学生思想政治教育的科学化制度安排

进行大学生思想政治教育的科学化制度安排首先需要构筑扁平化的工作体系。具体说来，扁平化组织的优势在于充分利用信息资源，降低管理成本，提高管理效率，但其实现的条件是强调制度化管理，构建以激励为核心的考核机制，加强专业化和职业化建设。组织机构扁平化是知识经济时代独具特色的组织创新，它具有以下特征：一是纵向管理层次简化精练，缩短了管理路径，节约了管理成本；二是横向管理幅度增宽，拓宽了管理渠道，提高了管理效率；三是信息传递效率提高，适应变化能力增强，资源和权力侧重于基层，决策和执行的效率显著提高，能够更好地打造经营团队和造就管理专家。

（3）搭建大学生思想政治教育的多元化、信息化工作平台

随着网络信息技术的不断普及，大学生思想政治教育工作的方式方法也面临着变革。如何利用现代化网络信息手段，更快捷、高效地开展学生工作值得认真思考。多元化信息平台的建设要做到以下五个方

面:一是信息数字化,把大学生思想政治教育的相关信息转换成为数字化形式进行整理和运用;二是流程数字化,用网络技术代替传统的大学生思想政治教育渠道和方式,借助信息化管理平台做好大学生思想政治教育工作;三是办公自动化,改变传统办公模式,用网络信息化的方式开展工作;四是沟通交互化,利用网络信息化办公实现信息瞬时直达,进而实现学校各部门和学院的资源共享,从而形成合力;五是引导个性化,即通过信息技术实现对学生的个性引导,促使其按照自我的个性选择和成才愿望实现人生理想。多元化、信息化工作平台可以极大地提高思想政治教育工作的效率,更易于为站在信息化前沿的大学生所接受。

五、大学生思想政治教育新模式的评价反馈机制创建

大学生思想政治教育效果的好坏,直接关系到高等教育人才培养质量的高低,更关系到中华民族伟大复兴中国梦的实现与否,以及中国特色社会主义事业的成败,因此是关系到党和国家发展兴衰的大事。中共中央、国务院《关于进一步加强和改进大学生思想政治教育的意见》中指出,大学生思想政治教育工作应该作为评估考核高校办学质量和办学水平的重要指标,从而纳入高校教育评估体系当中。然而,当前并未形成大学生思想政治教育系统的、有效的评价反馈机制,从而使大学生思想政治教育没有形成闭环状态,不利于大学生思想政治教育的有效开展。因此,创建大学生思想政治教育评价反馈机制不仅有助于提升大学生思想政治教育的科学化水平,增强育人的实效性,而且是创新大学生思想政治教育模式的一条必经之路。

(一)评价反馈的原则和指标

对大学生思想政治教育过程与最终效果进行评价和反馈需要遵循以下原则:一是评价反馈的进行需要以大学生思想政治教育的培养目标为导向,旨在考察、评价与反馈大学生在特定思想政治教育模式下,思想和行为所表现出的变化与作为“政、德、智、体、美、群、情、事、灵、续”等诸方面全面可持续发展的个体之间的距离,以及作为社会主义事业建设者和接班人的合格程度。因此,大学生思想政治教育的评价反馈必须对大学生的培养目标具有导向性,既要体现党和国家对人才发

展的要求，又要兼顾大学生的个人发展，从而有助于大学生自觉主动地开展思想政治教育的自我教育，提高教育的实效性。二是评价反馈过程要体现科学性。如前所述，思想政治教育涉及培养社会主义事业合格建设者和可靠接班人等大事，只有采取科学的评价反馈手段，才能保证思想政治教育的培养过程和最终效果真实反映大学生思想政治教育模式运行的实际情况，评价反馈才有价值，否则也只是将评价反馈流于形式。三是评价反馈结果要体现全面性，即评价反馈结果需要反映大学生思想政治教育的整体，而不能以偏概全，从而不利于客观地审视评价反馈结果。四是评价反馈机制的创建必须兼顾过程性评价反馈与后置性评价反馈，在这两种评价反馈形式互补作用的过程中更好地发挥大学生思想政治教育评价反馈机制的导向、诊断与调整等功能。

大学生思想政治教育的评价和反馈必须以其培养目标为导向，不仅要体现评价反馈主体的利益需求，而且还要依据教育对象的发展需求和理想追求。因此，对于大学生思想政治教育评价反馈指标的设计来说，一要体现党和国家的教育方针要求，满足党和国家对大学生进行思想政治教育的总体目标要求，即衡量大学生对社会主义祖国的热爱程度，对中国共产党的拥护程度，对献身中国特色社会主义伟大事业的坚定程度等。具体评价反馈指标包括大学生的爱国情感、政治态度、政治理论水平、道德品质、价值取向、法治观念、时代意识和社会责任感。二要体现大学生作为主体的人的理想追求和发展方向，包括身体素质、心理素质、自主学习能力、思维方式、审美观点、面对和战胜挫折的能力、团队合作能力、人际交往能力与社会适应能力。

（二）评价反馈机制的含义与机制创建的基本环节

评价反馈机制是指针对构成评价反馈的各个要素之间相互协调、彼此制约、共同作用的动态形式，既包括预测判断的前置性评价反馈机制，又包括中期的过程性评价反馈机制，还包括针对实施结果的后置性评价反馈机制。评价反馈机制的创建主要倾向于过程评价反馈机制与后置性评价反馈机制，是指在大学生思想政治教育过程中以及结束之后，根据大学生思想水平、道德修养、政治素质等层面表现出的思想和行为的变化，对大学生思想政治教育的运行情况及最终效果进行反馈式的考察和评价,在对照相应的预期目标基础上,判断大学生思想政治教育的实效性,并通过这一过程检验大学生思想政治教育模式完善与否,从而对于不完善的部分提供调整的依据,使大学生思想政治教育效果越来越接近预期目标,以达到更好的育人效果的运行过程。

可见,无论是过程性评价反馈机制,还是后置性评价反馈机制,虽然均体现了大学生思想政治教育的持续发展性特征,但与前置性评价反馈机制相比,更多的是一种对相对滞后的大学生思想政治教育的调整手段,因此有必要创建彼此环扣、具有系统性且能够将过程性评价反馈机制与后置性评价反馈机制有机结合的大学生思想政治教育评价反馈机制。从大学生思想政治教育评价反馈机制的含义可见,机制的创建主要应包括如下三个基本环节:一是对大学生思想政治教育的运行情况及最终效果进行考察的信息搜集机制创建。在信息搜集机制的创建环节中,既要求拥有专业化的信息搜集主体,如专门的大学生思想政治教育信息评价反馈中心等机构,又要求具有开放性的信息接收渠道,如网络调查等;再者要求信息的搜集具有阶段性和连续性,从而体现评价反馈结果的动态性,有助于及时针对评价反馈结果进行教育模式的调整和完善。二是对大学生思想政治教育运行情况及最终效果进行评价的信息分析机制创建。这一环节是确保评价反馈机制有效性的核心环节,必须专业分析评价人员采用科学的信息整理与归类方法,以得到科学的结论。因此,加强大学生思想政治教育队伍的专业化、科学化和现代化建设是信息分析机制创建的根本要求。三是将大学生思想政治教育运行情况及最终效果反馈给评价反馈主体的信息反馈调整机制创建。在这一环节中,如何提高大学生思想政治教育的实效性是其价值旨归,要求反馈信息及时和客观,特别要揭示负反馈结果与预期培养目标之间的差距,并依据反馈结果,有针对性地设计调整方案,制定改进措施,缩短大学生思想政治教育理想与现实之间的距离,切实提升思想政治教育的有效性。

第三章　高校思想政治教育工作的内容创新

第一节　高校思想政治教育工作内容创新的目标、原则与理论依据

一、高校思想政治教育内容创新的目标

（一）更好地继承和坚持马克思主义思想理论和政治立场

中国近现代史已经证明，马克思主义的指导地位和中国共产党的领导地位的确立都具有历史的必然性。作为社会主义国家，中国共产党代表无产阶级和中华民族成为中国特色社会主义事业的领导核心，中国共产党的指导思想马克思主义也必然成为当代中国社会意识形态的核心，并进而成为高校思想政治教育的指导思想。马克思主义指导思想决定了社会主义核心价值体系的性质与发展方向。继承和坚持马克思主义思想理论和政治立场，是社会主义核心价值体系教育的核心要求，也是维护社会主义文化建设的性质与方向的必然要求。我国高校的首要任务就在于培养“四有”的社会主义事业接班人。高校思想政治教育内容创新的首要目标就是要更好地继承和坚持马克思主义思想理论和政治立场，使马克思主义在社会主义意识形态领域居于指导地位。

（二）更好地坚持和发展中国特色社会主义理论体系

中国特色社会主义理论体系是马克思主义中国化的理论成果。中国特色社会主义理论体系是高校思想政治教育的指导思想，同时也是高校思想政治教育的内容。在当代中国，坚持社会主义的建设方向，就必然要求坚持马克思主义思想的指导。当前我国经济社会发展已进入重要的调整时期，中国特色社会主义理论在实践中不断丰富和发展，既

继承和发展了中华民族的优秀传统文化，也批判地吸收和借鉴了世界各国优秀文明成果；既体现了思想道德建设上的先进性要求，又体现了广泛性要求；既坚持了社会主义先进文化的前进方向，又符合不同层次群众的思想状况；既具有广泛的适用性和包容性，也是联结各民族各阶层的精神纽带。当代高校青年学生思想活动和心理活动既有明显的差异性，同时思想意识独立性和选择性也非常强。所以，高校思想政治教育内容需要在继承和坚持马列主义经典理论的同时，创新和发展中国特色社会主义理论体系，并使中国特色社会主义理论体系进课堂、进教材、进入学生头脑，用这一理论体系教育和武装大学生，使他们坚定马克思主义的理想信念，真正理解、掌握和学会运用中国特色社会主义理论指导自己的实践和生活。高校思想政治教育内容的创新可以让高校思想政治教育更加贴近大学生实际，更易于为大学生所接受，也能够更好地坚持和发展中国特色社会主义理论体系①。

（三）更好地弘扬和培育民族精神和时代精神

中华民族的民族精神是以爱国主义为核心，团结统一、勤劳勇敢、爱好和平以及自强不息的精神。它使得中华民族创造了灿烂的文明，生生不息、连绵不绝，表现出强大的生命力。民族精神是一个民族的脊梁，也是一个民族信心和力量的源泉。时代精神是每一个时代特有的普遍精神实质，是一种超脱个人的共同的集体意识。时代精神集中表现在社会主体意识形态之中，但是在社会发展过程中，并不是所有的意识形态中的各种现象都能够表现时代精神，只有某些体现时代发展潮流的意识形态，才能够标志这个时代的精神文明，能够对社会生产发展产生积极影响，以及符合时代精神的具体要求。时代精神是一个时代的人们在文明创建过程中所体现出来的优良品格和精神风貌，是激励一个国家和民族奋发图强、振兴祖国的强大精神动力，更是新时期精神文明建设的重要内容。时代精神反映一个时代人类社会发展变化的基本趋势，并且已经成为世界绝大多数国家和人民共同的意志、心愿和精神追求。培育和弘扬中华民族的民族精神，能够有效抵制西方的腐朽思想对当代大学生的渗透，能够在最大限度内凝聚和动员当代大学生

①毛爽盈.高校网络思想政治教育方式创新研究[D].景德镇：景德镇陶瓷学院，2015：37-38.

的力量，为建设中国特色社会主义提供精神动力和智力支持。所以，当前的高校思想政治教育内容创新必须更好地弘扬和培育民族精神和时代精神。

（四）更好地提高大学生的道德素质和促进大学生的全面发展

大学生作为祖国未来的建设者，提高大学生道德素质，促进大学生全面发展，是提高民族素质的基础。大学阶段是道德素质教育的重要时期，重视倡导爱国守法、团结友善、明礼诚信、敬业奉献、勤俭自强等全社会倡导的基本道德规范教育尤为重要。针对大学生加大道德教育，结合社会实际，将与社会体制相适应的公民道德素质教育融入高校思想政治教育中，能够为大学生的全面发展打下坚实的基础。只有在大学阶段坚持不懈地进行素质教育，将道德教育逐步渗透，才能切实提升大学生的道德素质，才能为社会输出具有坚实道德素质基础的公民，才能为全面建设社会主义现代化国家提供强大精神动力和道德支撑。同时，人的素质是全面而综合的，素质的范畴包括身体、心理和思想道德素质，以及科学文化素质。人的自由发展意味着人的主体性增强和独特性增强。马克思主义认为，教育是实现人的全面发展的根本途径。人们对于不熟悉的社会内容多数可以通过教育来完成。比如，人们可以通过教育来了解和熟悉社会的生产流程，可以通过教育来发现自己的兴趣爱好，可以通过教育来选择自己的职业发展方向，可以通过教育来了解更多的社会动态，避免传统社会分工的片面性。马克思关于人的全面发展理论，为我们指明了促进大学生全面发展的方向，奠定了高校思想政治教育的理论基础。高校思想政治教育的最终目标就是促进大学生的全面发展，培养大学生成为中国特色社会主义事业的合格建设者和可靠接班人。要实现当代大学生的全面发展，在高校必须进行行之有效的高校思想政治教育，而且在高校思想政治教育的内容创新过程中，要坚持以促进当代大学生的全面发展为目标，努力发掘并且有效提高高校思想政治教育的实效性，以增强高校思想政治教育内容的吸引力和感染力。

二、大学生思想政治教育内容创新的原则

大学生思想政治教育内容的创新只有坚持必要的原则才能有所依

循，才能保障思想政治教育内容的创新，符合培养社会主义“四有”接班人的需要，也才能使高校思想政治教育内容的创新工作健康有序地顺利进行。

（一）坚持马克思主义理论的指导地位

马克思主义理论是社会主义核心价值体系的灵魂，是我们立党立国的根本指导思想。高校学生思想政治教育的内容也必须以马克思主义理论为指导。马克思主义理论的指导地位在高校思想政治理论教育内容方面丝毫动摇不得。随着改革开放的深入，我国社会经济成分、组织形式、利益关系和分配关系日益多样化，人们的价值选择、社会意识和生活方式也日趋多样化。面对诸多变化，我们既要尊重差异和包容多样，更要强调和坚持指导思想和主导价值的地位，重视和巩固社会主义的理想信念，用共同理想凝聚力量，并坚持马克思主义的指导地位不动摇。唯有如此，才能最大限度地形成思想共识，充分挖掘和鼓励不同阶层、不同群体所蕴含的积极向上的思想力量，齐心协力建设中国特色社会主义。

（二）坚持以中国特色社会主义理论为主体

中国特色社会主义理论是马克思主义基本原理与中国具体实际相结合的理论结晶。自中国共产党成立以来，始终坚持以马克思主义的世界观和方法论作为指导，在领导中国人民进行革命与建设的过程中，始终将马克思主义的基本原理同中国的具体实际相结合，创立了马克思主义中国化的社会主义理论体系，包括毛泽东思想、邓小平理论、“三个代表”重要思想、科学发展观和习近平新时代中国特色社会主义思想等理论。中国特色社会主义理论是中国共产党在马克思主义的指导下，立足于当代中国社会实际，整合发展中华民族优秀文化，在中国特色社会主义革命和建设的伟大实践中，不断创新发展、解决现实问题和推进社会主义理论创新的结晶。当前，我国在经济社会各方面所取得的巨大成绩，都得益于我们在社会主义现代化建设中开辟了中国特色社会主义道路，形成了具有中国特色的社会主义理论体系。马克思主义中国化是马克思主义在中国传承与发展的重要成果，是中国特色社会主义现代化事业的理论指南，同时更是中华民族的宝贵精神财富。

在大学生思想政治教育内容创新过程中，要始终坚持以中国特色社会主义理论体系为主体，同时用这些理论来指导和创新高校思想政治教育内容。

（三）坚持以学生为本，从学生实际出发

大学生思想政治教育内容的创新要坚持以大学生为本，突出大学生的主体地位。历史唯物主义认为，人民群众不仅创造了物质财富，也创造了社会精神财富，是社会变革与发展的决定性力量。人民群众是历史前进的推动力量，是历史的真正创造者。社会发展的目标是为了实现人的全面而自由的发展，所以促进大学生的全面发展是高校思想政治教育内容创新的原则目标。高校思想政治教育内容的创新就是要进一步做好大学生的思想工作，就是要真正以大学生为本，尊重和满足大学生的物质和精神发展需要，发挥大学生的能动性和创造性，促进大学生全面发展。高校思想政治教育内容创新是在实践中的创新，现实的创新性实践活动必将推动高校思想政治教育内容的不断完善，增强其实效性。因此，大学生思想政治教育内容创新，必须贴近当代大学生的实际，坚持以学生为本，在实践中发展和创新高校思想政治教育的适应性内容。

（四）坚持借鉴继承与开拓创新相结合

继承是发展和创新的前提和基础。历史上任何时期的高校思想政治教育内容，都是在总结前一个时期的成功经验和现实基础上建立起来的。如果离开前一个时期的高校思想政治教育内容，就相当于失去了其继续发展和理论创新的条件，如果抛弃了以前的社会发展历史，高校思想政治教育内容的发展和创新就丧失了基础和前提。同时，借鉴和吸收西方相关教育内容发展的有益经验为我所用，可以更好地充实和丰富高校思想政治教育内容。借鉴继承的内在目的和必然要求是发展创新，而发展创新则以继承借鉴为前提与基础。所以，高校思想政治教育的内容创新，就必然是在继承借鉴基础上的开拓创新。高校思想政治教育内容创新不仅要继承和借鉴其他相关学科的理论知识，更要在其他学科的理论知识所提供的全新理论视野下，与时俱进、开拓创新，以及不懈地建构符合时代要求的高校思想政治教育新体系。

三、大学生思想政治教育内容创新的理论依据

理论依据主要是与思想政治教育密切相关的历史唯物主义的基本原理和中国化马克思主义理论体系的重要原理等。其中，马克思主义关于社会存在与社会意识的辩证关系原理，以及上层建筑与经济基础的辩证关系原理是最基本的理论依据；而马克思主义的人学理论，以及社会主义精神文明建设的原理则是直接的理论依据。

第一，社会存在与社会意识辩证关系原理要求高校思想政治教育内容不断创新。恩格斯指出："每一个历史时代的经济生产以及必然由此产生的社会结构，是该时代政治的和精神的历史的基础。"历史唯物主义认为，社会存在与社会意识二者是辩证统一的。社会存在决定社会意识，社会意识又反映着社会存在，社会意识是对社会存在的主观反映，产生于现实的社会存在。唯物史观向我们揭示了社会存在与社会意识之间的辩证关系。社会存在是社会生活的物质方面，主要包括人们在生产方式、人口因素和地理环境等方面；社会意识主要是指在社会生活的精神方面，包括政治、法律、哲学、道德、科学以及社会心理和风俗习惯等方面。社会存在与社会意识辩证关系原理为高校学生思想状况原因的分析，以及基于此的高校思想政治教育内容的制定提供了科学的理论基础。

马克思主义历史唯物主义基本原理告诉我们，社会意识的发展具有不可忽视的历史继承性。同时，社会意识与社会存在的发展、社会发展水平又是不平衡的，具有很强的相对独立性。社会意识并不完全依赖于社会生产力发展水平，即便是在落后的社会物质条件下也可能产生先进的社会意识和社会文化。而且各种社会意识形态一经存在，彼此之间就会产生相互作用和影响。而在这些思维形式中，社会意识处于主导和支配地位，而且只能是统治阶级的思想意识形态。同时，社会意识对社会存在的发生发展起反作用时，可能会促进社会进步，也可能阻碍社会的进步发展。顺应历史发展趋势的社会意识一旦被人民群众所掌握，就能够成为人们改造现实世界的巨大物质力量，具有推动社会发展的巨大动力。发挥社会意识的能动性，必须通过具有目的和意识的人的社会实践活动，才能够得以实现，统治阶级要想维护和巩固本阶级的统治地位，就需要用本阶级的意识形态教育年青一代，形成统一的

思想意识，培育本阶级统治所需要的青年接班人。正是基于这一原理，我国高校思想政治教育内容的发展和创新过程中，要始终坚持不懈地用马克思主义理论和中国特色社会主义理论教育广大高校青年学生，使他们树立共产主义的远大理想，坚定他们走中国特色社会主义道路的信念。

第二，上层建筑与经济基础关系原理要求高校思想政治教育内容不断创新。在马克思主义哲学理论体系中，经济基础主要是指在社会发展到一定阶段后形成的社会经济制度，即社会生产关系的总和。马克思主义认为，经济基础是上层建筑的基础，一定的经济基础和一定的上层建筑共同构成一定的社会意识形态。上层建筑是指建立在一定经济基础上的社会意识形态以及与之相适应的政治法律制度和设施等的总和。在阶级社会中，政治法律制度和设施是上层建筑的重要组成部分，通常简称为政治上层建筑。马克思主义认为，经济基础和上层建筑具有辩证关系，即经济基础和上层建筑是辩证统一的。一方面，经济基础决定上层建筑。经济基础是上层建筑赖以产生、发展和存在的物质基础；经济基础的性质决定上层建筑的性质；经济基础的变革必然能够引起上层建筑的变革，并因此决定着其变革的发展方向。另一方面，上层建筑对经济基础同时具有反作用。上层建筑会为自己的经济基础的形成和巩固服务。上层建筑能够通过多种多样的形式反作用于经济基础，而思想政治教育就是其中极为重要的形式。如前所述，我国高校学生思想政治教育的内容必然是中国共产党和社会主义国家通过高等院校教育教学实践，对高校学生进行有规划、有组织的教学活动中所蕴含的思想政治、道德法纪和心理健康等方面的实质性内容。实践已经反复证明，在中国特色社会主义建设中，中国共产党的思想政治教育工作发挥了巨大的能动作用，不仅保障了经济发展工作以及其他一切工作沿着社会主义建设道路的发展方向前进，而且提高了社会主义建设者的思想政治觉悟，使他们焕发出蓬勃的劳动生产积极性。同时，党的思想政治教育内容在高等教育中的推行，也为社会主义现代化建设事业培养了大批合格的中国特色社会主义事业的建设者和可靠接班人。高校思想政治教育内容是高校思想政治教育的基础，要发挥高校思想政治教育的重要作用，就必须重视高校思想政治教育的内容，要与时俱进地创新,使教育内容始终符合历史进步的趋势,符合我国社会经济的发展要求。

第三,马克思主义的人学理论指出了高校思想政治教育内容创新发展的方向。马克思主义认为:“人的本质不是单个人所固有的抽象物,在其现实性上,它是一切社会关系的总和。”人的本质不是一成不变的,而是随着社会关系的发展而不断发展变化的,在不同的生产力发展阶段,由于生产关系不同,因此人的本质上也不尽相同,社会关系对人的本质形成具有决定性的影响作用。对当前大学生思想特点的认识是我们思考问题的前提,要想把高校思想政治教育内容传输到大学生的脑海里、心坎上,就必须从当代大学生的实际情况出发。马克思主义的人学理论以人为研究对象,揭示了人的生存、发展的规律。大学生思想政治教育内容发展和创新的目的是促进大学生的全面发展,培养社会主义建设的“四有”新人,因此两者在本质上是一致的。马克思主义的人学理论指出了大学生思想政治教育内容创新发展的方向,运用马克思主义人学理论可以指导和引导大学生思想政治教育内容创新和发展。在大学生思想政治教育内容发展和创新中运用人的本质的理论,从大学生的社会属性出发,准确判断当代大学生的思想观念,在大学生现实的社会关系基础上设置思想政治教育内容,结合各种社会关系的处理引导广大大学生,把个人价值和社会价值结合起来,在为社会作贡献中实现个人价值。

第四,社会主义精神文明建设的原理要求高校思想政治教育内容不断创新。改革开放以来,中国共产党将精神文明与物质文明共同作为我国社会现代化建设的目标,逐步提出并且不断完善了中国特色社会主义精神文明建设的理论体系以及一系列理论内容。社会主义物质文明与社会主义精神文明之间具有紧密联系,社会主义精神文明建设需要以社会主义物质文明建设作为基础,同样,社会主义物质文明建设需要社会主义精神文明为其提供精神动力和智力支持。思想道德建设属于社会主义精神文明建设的理论范畴,思想道德建设决定着精神文明建设的社会主义性质和发展方向;社会主义精神文明建设同时还包含教育科学文化建设,教育科学文化建设则是提高人民群众道德水平和思想觉悟的重要保障。思想道德建设与教育科学文化建设相互影响和渗透,其关系处理得当就可以互相促进共同发展。这些社会主义精神文明建设理论内容,不仅创造性地发展了马克思主义经典理论,而且成为中国化马克思主义理论体系的有机组成部分。

第二节　高校思想政治教育工作内容创新的任务要求

一、思想政治教育内容创新的价值取向

从教育功能角度讲,创新思想政治教育内容的基本价值取向是为持续的创新教育奠定基础:一是打好创新精神的基础;二是为培养创新能力奠定基础。

创新精神是创新人格特征,是主体创新的内部态度与心向,它包括创新意识、创新情感和创新意志三大方面。创新意识是个体追求新知的内部心理倾向,这种倾向一旦稳定化,就成为个体的精神与文化。创新情感是个体追求新知的内部心理体验,这种体验的不断强化,就会转化为个体的动机与理想。经验研究表明,有创新情感的人常常情感细腻丰富,外界微小的变化都能引起强烈的内心体验;人生态度乐观、豁达和宽容,能比较长时间保持平和、松弛的心态;学习和工作态度认真、严肃,一丝不苟,有强烈的成就感,工作的条理性强;对世间的所有生命都有同情心和责任感,愿意为改善他们的生存状态而尽心尽力等。创新意志是个体追求新知的自觉能动状态,这种状态的持久保持,就会成为个体的习惯与性格。研究表明,有创新意志的人常常能排除外界的各种干扰,长时间地专注于自己的活动;工作勤奋,行为果断,对自我要求较高,对工作要求较严;善于沟通与协调,组织能力强,有较强的灵活性,为达到目的愿意变换工作的途径和方法;有较强的独立性和自制力,在没有充分的证据和理由之前,不轻易放弃自己的主张,能容忍别人的观点甚至错误等。

创新能力是创新的智慧特征,是主体创新的活动水平与技巧,它包括创新思维和创新活动两大方面。创新思维是个体在观念层面新颖、独特和灵活的问题解决方式。创新思维是创新实践的前提与基础,如果想不到是不可能做得到的。研究表明,具有创新思维的人常常感觉

较为敏锐，思维灵活，能发现常人视而不见的问题，并能够多角度地考虑解决办法；理解深刻，认识新颖，能洞察事物本质并能进行开创性的思考；思维辩证，实事求是，能合理运用逻辑与直觉、正向与逆向等思维方式，不走极端，能把握事物的中间状态等①。

二、大学生思想政治教育内容创新的基本要求

任何一个国家的高等教育特别是思想政治教育，都会对这个国家未来的面貌产生直接的、重要的和深远的影响，将决定着未来高级专门人才的思想、政治和品德素质。

大学生思想政治教育内容具有针对性、相对稳定性、一定灵活性、相应层次性和递进连续性的特点。实现大学生思想政治教育内容创新的基本要求有以下几点：一要根据大学生思想品德形成的规律和社会发展的要求确定高校思想政治教育创新的内容；二要根据高等教育整体规划安排高校思想政治教育创新的内容；三要根据高校思想政治教育总体目标设置高校思想政治教育创新的内容；四要根据高校思想政治教育内容是中学思想政治教育内容的深化和延伸，组织高校思想政治教育的新内容。现阶段，创新思想政治教育内容就是要坚持以马克思列宁主义、毛泽东思想和中国特色社会主义理论体系为指导，解放思想、实事求是、与时俱进，立足于帮助大学生树立正确的世界观、人生观和价值观，深入开展马克思主义基本理论教育，开展中国化的马克思主义理论教育，开展人生观、价值观、道德观、健康观和法制观教育，开展中国革命和建设，特别是改革开放的历史教育，开展基本国情和形势与政策教育，开展社会主义核心价值观教育，开展实现中华民族伟大复兴中国梦的教育。

改革开放以来，在全国高校中普遍开展了坚持四项基本原则、爱国主义的教育。对大学生进行以坚持四项基本原则教育为中心的形势政策和道德品质教育，积极引导学生坚定党的信念，把爱国主义的情感和觉悟变成奋发图强建设祖国、保卫祖国的实际行动，走德智体美劳全面发展的成才道路。

---

①祁明，江鸿波.高校内涵建设背景下的学生思想政治教育发展[M].上海：同济大学出版社，2019：17-18.

1993年，中共中央、国务院转发的《中国教育改革和发展纲要》，明确了学校德育工作的根本任务，强调要以邓小平理论为指导，进一步加强和改进学校德育工作，把德育工作提高到一个新水平。1994年，中共中央、国务院召开改革开放第二次全国教育工作会议，会后印发的《爱国主义教育实施纲要》和《中共中央关于进一步加强和改进学校德育工作的若干意见》（以下简称《意见》），深刻地总结了学校德育工作的经验教训，明确了学校德育工作的形势与任务，提出了改进学校德育的内容、途径和方法，完善学校德育的管理体制，加强党对学校德育工作的领导等基本要求，使各级各类学校的德育工作有了更加明确的纲领。为贯彻落实《意见》精神，1995年国家教育委员会印发的《中国普通高校德育大纲（试行）》全面规划了中国特色社会主义高等学校德育体制，体现了把高等学校德育作为一项社会系统工程来建设的思想。1998年，中共中央宣传部、教育部印发的《关于普通高等学校“两课”课程设置的规定及其实施工作的意见》，要求各层次各科类学生都要开设形势与政策课，其主要内容是帮助学生全面正确地认识党和国家面临的形势和任务，正确理解建设中国特色社会主义的理论和实践，树立辩证唯物主义和历史唯物主义的世界观，确立远大的理想和正确的人生观。1999年，中共中央发出《关于深化教育改革全面推进素质教育的决定》，开始把素质教育纳入德育工作的视野，强调必须把德育、智育、体育、美育等有机地统一在教育活动的各个环节中。2000年6月，中央召开思想政治工作会议，对新形势下思想政治工作作出了全面部署。2004年下发的《中共中央关于加强和改进思想政治工作的若干意见》指出，学校思想政治教育要全面贯彻党的教育方针，全面推进素质教育。

2015年7月27日，中宣部、教育部印发了《普通高校思想政治理论课建设体系创新计划》，对高校思想政治理论课建设体系创新计划的指导思想、基本原则和目标任务作出了明确部署，强调高校思想政治理论课建设体系创新计划的指导思想是：高举中国特色社会主义伟大旗帜，以马克思列宁主义、毛泽东思想、邓小平理论、“三个代表”重要思想、科学发展观、习近平新时代中国特色社会主义思想为指导，深入贯彻落实党的十九大精神，深入贯彻落实习近平总书记系列重要讲话精神，深入贯彻落实《关于进一步加强和改进新形势下高校宣传思想工作的意见》

精神，全面贯彻党的教育方针，立足坚定大学生对中国特色社会主义的道路自信、理论自信和制度自信，以教材体系、人才体系和教学体系建设为核心，以学科支撑体系、综合评价体系和条件保障体系建设为关键，以推动综合改革创新为动力，以问题为导向，以教育教学实效性为评价标准，进一步坚定信心，强化责任，系统规划，整体推进，落实思想政治理论课在高校立德树人工作中的战略地位，把培育和践行社会主义核心价值观融入教书育人全过程，为实现“两个一百年”奋斗目标、实现中华民族伟大复兴中国梦发挥应有的作用。这无疑全面规划了高校思想政治教育创新的基本思路。

追溯思想政治教育发展轨迹，可以看出高校思想政治教育载体形式的多样性与有效性。从“思想政治理论课”的开设，发展到“政治理论课”与“思想品德课”，再到大学生社会实践等多种载体，其间还增添了“法律基础”“形势与政策”等课程内容。从内容上看，不断成熟完善；从形式上看，载体丰富多样。实践证明，内容如果不创新，就没有思想政治教育的发展出路。实践同时也证明，模式拘泥于传统、忽视理论的先导作用，同样没有理想的结果。当前，面对青年学生现实生活中的热点、难点，从解决实际问题着手，提高思想政治教育的实效性，不断创新思想政治教育内容，既是时代发展的需要，也是高校思想政治教育工作者的历史使命。因此，要抓好以下几个方面的工作：

（一）世界观教育

对于任何社会历史条件下的思想政治教育来说，世界观教育都是最根本的内容，是其他教育内容的奠基石。全球化大趋势的背景下更是如此，习近平总书记把世界观、人生观、价值观比喻为思想政治教育的“总开关”。这无疑凸显了世界观教育的重要性。

大学生世界观教育是引导大学生健康成长和顺利成才的根本保障，是加强和改进大学生思想政治教育的主要内容。大学生世界观教育的效果直接关系到高等教育的人才培养质量，关系到社会主义人才培养目标的实现。因此，高校必须努力构建一个科学的、有实效的大学生世界观教育长效机制。高校思想政治教育工作部门应创新理念，为构建大学生世界观教育长效机制提供思想保障；加强队伍建设，为构建大学生世界观教育长效机制予以组织保障；通过科学管理，为构建大学生世界观教育长效机制提供制度保障；加大经费投入，为构建大学生世界观教育长效机制创造条件保障。

（二）政治观教育

政治观教育是思想政治教育的核心内容，政治素质是个人全面发展的首要素质。学生的生活离不开政治，大学生的政治观如何，不仅关系到大学生个体的健康成长，而且事关社会主义的前途和命运。因此，加强对大学生的政治观教育，是一件艰巨而意义重大的事。高校历来是各种不同的理论学术观点、思想观点交汇、融合和斗争的阵地。在世界风云变幻的形势下，高校能否坚持社会主义方向，能否塑造政治素质合格的人才，关系到中国社会未来的命运。马克思指出："人创造环境，同样，环境也创造人。"政治观教育总是在一定的社会环境中进行的，既受环境的影响，也对环境产生一定作用，我们在看到环境对人们政治思想作用强化的同时，也要看到人们改造环境的作用也在强化。因此，大学生政治观教育必须以马克思主义德育环境论为指导，探索优化政治观教育社会环境的新思路。

在新的历史条件下，政治观教育环境正经历巨大的变化和发展。大学生政治观教育必须与不断变化的时代主题相适应，与变化着的社会环境相适应，与鲜活生动的教育对象——当代大学生的思想实际相适应。主导性的政治观念只有在社会生活实践中为各种环境因素所强化，才能被大学生真正接受并内化为个体的政治品德，成为他们政治行为的指南。

（三）人生观教育

青年大学生，朝气蓬勃，思维敏捷，勇于创新，积极进取，身心发展都处在"活跃—动荡—变化—成型—基本定型"这样一个过程之中。处于人生关键时期的大学生，建立什么样的人生观，对其个人和社会都是至关重要的。针对当前大学生的思想状况及存在的问题，加强和改进大学生思想政治教育工作应把人生观教育作为重点和突破口，并在深化大学生人生观教育的工作实践中拓展有效途径。

高校思想政治教育一直都非常注重培养学生健康的、科学的人生观。面对当前大学生中存在的突出问题，人生观教育应该着重于加强“以人为本、关爱生命”的内容，着力于引导大学生认识生命的价值，尊重自己和他人的生命，努力提升自身生命的内涵和价值。加强对大学生人生观的教育，首先，思想政治教育工作者应努力树立“以人为本、关爱生命”的新型学生观。应该树立从生命的角度和高度来理解学生的本质、将学生视为不断走向个体完善的独特生命存在的学生本质观；树立立足学生发展的终身性，为学生的发展奠基，增强学生发展的自主性，激发学生的创造潜能，实现学生发展的个性化，促进每一名学生发展的学生发展观；强调学生生命主体的能动性，将学生视为社会活动的实践者、平等交流的对话者的学生角色观。其次，要改进人生观教育的形式和内容，使人生观教育充满时代内容和强大的生命力。通过开设相关课程，并在其他课程中加强渗透与开展课外活动，增强实践体验相结合的人生观教育方法，使大学生学会珍惜生命、丰富生命和升华生命。

（四）法制观教育

大学生法制观问题一直是学校和社会关注的焦点。研究大学生的法制观，有针对性地对大学生进行法制观教育，是思想政治教育的重要内容。

针对大学生对法律知识的掌握还不够全面和深入、对法治的理解也存在偏差、对司法现状表示担忧和不满、对法治的价值判断和现实选择存在矛盾等问题，高校应强化法律基础课教育，增加学习时间，使学生能够有足够时间系统学习我国现有的重要法律，同时把民主教育作为专项教育内容，培养大学生的宪法观、公民观和民主观。通过增加社会实践活动，引导大学生正确认识我国的司法现状。实行依法治校，营造良好的校园法制环境。优化校园环境，发挥环境育人的作用，可以提高法制教育的实效。校园环境对学生的教育影响方式与其他教育影响方式不同，主要表现在三个方面：一是直接现实性；二是长期性；三是潜移默化性。校园环境还拥有一种巨大的精神力量，良好的校园环境能控制和限制不良风气和行为的滋长，规范学生的言行。

（五）道德观教育

思想政治教育对大学生道德观教育影响重大。加强大学生道德观教育，并结合思想政治教育方法进行教育和引导，让其树立马克思主义的科学道德观，是摆在当前高校教育者和全社会面前的一个重大课题。

大学生优良道德品质的形成是长期的过程，是在一定的社会生活实践经验的积累以及个人自觉锻炼和修养中逐步形成的。面对当代大学生道德观的变化和发展，我们既要进行客观分析，也要以历史的眼光正确对待，从中发现问题，并找出对策，改进和加强思想政治教育工作。在思想政治教育过程中，道德教育作为思想政治教育的基础性内容，是思想政治教育工作的目标和任务之一，加强大学生道德观教育离不开思想政治教育工作。针对当代大学生的道德现状和新的特点，一方面思想政治教育工作应加强大学生道德践行能力的培养，这是解决愿望与行动的矛盾，实现道德理想最有效的途径。作为大学生，在道德修养上不仅应知道做什么，更重要的在于知道如何做。另一方面要加强大学生道德修养，帮助大学生树立马克思主义的科学道德观，培养他们高尚的道德品质和强烈的社会责任感。

（六）创造观教育

一个人是否具有创造力，关键是看其能否进行思维创新。所以，思想政治教育不仅要进行世界观、人生观和价值观教育，而且要开展创新思维教育。传统的思想政治教育思维往往把思想政治教育等同于理想教育，思想政治教育内容通常具有高度的政治理想性。在大众文化繁荣发展的当下，大众文化已经成为当代人思想观念、价值准则、审美倾向、行为方式和思维模式构造的重要文化参数。因此，“思想政治教育在突出政治性内容的同时，要注意把政治性内容的教育纳入社会发展和人的发展的轨道上来，使政治性内容与生活性内容相耦合，把整体性、全局性的宏观教育内容与个别的、具体的微观教育内容结合起来，增强教育内容的现实性、针对性和实效性”。同时，不能忽视对科学思维的培养教育，因为它是追求真理与真知的认识图式，有利于学生正确运用辩证思维的方法，把握事物的本质和发展规律，综合运用各种科学思维方法面对新情况、解决新问题。最后应该注意的是社会主义核心价值体系与思想政治教育思维教育的关系，要始终用社会主义核心价值观引导、鼓舞和塑造青年。

（七）健康心理教育

健康的心理是一个人全面发展必须具备的条件和基础。大学生是未来社会的主要领导者和建设者，他们将在很大程度上决定着未来社会的走向和发展状况，他们的心理健康与否，不仅影响着他们的学习和健康成才，而且对整个社会都至关重要。人类社会的快速发展，世界格局的动荡，地球环境的变化，使每个人的理解能力和承受能力都将经受更为严峻的考验。在当今大学生心理问题比较严峻的状况下，加强心理健康素质的培养，丰富不同学生心理教育的形式，改善培养、教育的条件和环境，是高校思想政治工作的当务之急。加强大学生心理健康教育可促进人格健康发展，提高学生综合素质，亦可以发挥学生潜能。为此，要不断加强对大学生的适应性、承受力、调控力、意志力、思维力、创造力以及自信心等心理素质的教育与培养，使其形成健康的心理和成熟的性格。

三、大学生思想政治教育内容创新的主要任务

（一）加强思想政治教育学科研究

从需要思想政治教育学科支持的实际出发，一些理论工作者侧重于学科理论体系研究，这是十分必要的。当学科理论体系初步形成并得到多数人认同之后，学科体系仍需要进一步研究深化与完善。但思想政治教育学科研究，应着重于当前重大理论与现实问题，特别是大学生在成长过程中所遇到的实际难题的研究，这既是实现思想政治教育学科价值的需要，也是深化与完善学科体系的根本途径。中共中央、国务院颁发的《关于加强和改进大学生思想政治教育的意见》，分析了大学生思想政治教育所面临的国际、国内新形势与新问题，提出了加强和改进大学生思想政治教育的指导思想和基本原则，强调加强和改进大学生思想政治教育是一项重大而紧迫的战略任务，明确要求以理想信念教育为核心，深入进行树立正确的世界观、人生观和价值观教育；以爱国主义教育为重点，深入进行弘扬和培育民族精神教育。教育“核

心”与“重点”的确立，既由理想信念、爱国主义在大学生成长过程中的作用所决定，更是大学生自身发展的迫切需要。在开放、多样、多变和复杂的社会背景下，在市场体制所形成的竞争压力与科技发展所形成的信息压力下，许多大学生由于缺乏社会生活经验，世界观、人生观和价值观尚未完全形成与稳定，因而容易产生迷惘与困惑，即迷途不知所向，疑惑不知所解，茫然不知所选。也就是面对开放、多样、多变和复杂的社会因素，发生了适应、取向、选择上的困难。迷惘与困惑是大学生思想领域的矛盾，而不是物质领域、知识领域的问题，其实质是精神需要、价值诉求和目标诉求。因此，帮助大学生认识迷惘与困惑的实质及产生原因，引导大学生确立正确的理想信念，培养大学生的爱国主义精神，则是促进大学生适应现代社会要求，不断健康成长和全面发展的关键。

同时，《关于加强和改进大学生思想政治教育的意见》还强调，在新的历史条件下，大学生的健康成长和全面发展，是在课堂教育、学校环境和社会条件的综合作用、影响下进行的，因而需要研究这些因素，特别是一些新的因素对学生的影响，开辟多样的、新的教育途径。而影响学生成长和发展的因素，都与学生的实际生活相关。大学生思想政治教育，再也不是过去单一的理论内容、现实途径与课堂方式，而是理论与实践、现实与虚拟、社会与学校、课堂与课外等各个生活层面高度综合化、社会化的体系。为此，思想政治教育应以满足学生的实际需要为基本的出发点，即在坚持以育人为本的前提下，要贴近实际、贴近生活、贴近学生的要求，研究大学生实际生活中的思想政治教育。

研究理想信念教育、爱国主义教育与实际生活中的思想政治教育，是当前思想政治教育学科的研究重点。前者侧重面向社会、面向未来，以引导学生形成社会理想为追求，后者侧重面向实际、面向生活，以帮助学生提高生活质量为目标。前者为后者提供导向与动力，后者为前者提供前提与基础。两者相互联系、相互依存和相互促进。缺乏前者，实际生活将陷于实用、功利的自发状态，而缺少后者，理想信念则抽象、空洞而难以真正形成。

(二)突出思想政治教育的重点

市场体制和经济全球化的推进,对外开放和多元文化的激荡,科技发展和社会信息化的环境,社会民主化和个性特色化的发展,广泛渗透在社会和个体生活的各个领域与环节,成为当今高校思想政治教育的环境内容。马克思主义理论、中国化马克思主义、相关学科(哲学、政治学、社会学、伦理学、心理学、教育学)理论等,都在教育者(包括任课教师和辅导员)和教育对象(学生)的可选择、可运用之列,成为思想政治教育的理论内容和知识视野。环境内容与理论内容的不同结合,形成了当代社会与个体以及思想政治教育两个层面的发展态势。

1. 社会层面的主导性与多样性并存与矛盾状态

所谓社会层面的主导性与多样性,主要是指:多元文化交汇背景下的中华民族文化主导,多种意识形态并存条件下的马克思主义社会主义意识形态主导,多样化价值取向过程中的社会主义核心价值观主导,多样化知识、信息影响下的人本主导。主导性与多样性的并存与矛盾,在现实生活中,在大学生思想政治教育过程中已经不同程度、不同形式地存在,并正在影响大学生的成长与发展,也在影响思想政治教育的过程与效果。应当看到以上四大客观因素,作为社会的基础与客观条件,由于其发展快、变化大,而且相互交织形成综合效应,极大地赋予了社会与个体多样化发展机制。诸如市场体制的竞争机制、信息社会的选择机制、民主发展进程中的参与机制等,都极大地调动了人们,特别是青年学生发展的积极性、主动性与创造性,从而为广大青年学生的个性化、多样化发展提供了极其有利的条件。同时也应当看到,社会的客观因素与竞争机制、选择机制的形成,虽然为社会的多样化发展提供了条件、奠定了基础,但这些客观因素与机制本身发挥作用、发展完善,则需要一定的条件。这个条件就是上层建筑的职能,其中包括思想上层建筑职能,即通过思想(价值取向)、政治(包括政治目标、原则与法制)、道德(规范)的作用来保证多样化大体都能遵循一致的方向、规范发展,以维护社会的安定与秩序,推动社会与个体全面、协调和可持续发展。主体的多样化发展如果脱离了思想、政治、道德的方向主导与规范,主体相互之间必然产生矛盾、发生冲突,甚至导致社会混乱,主体的多样化发展也丧失了条件。相反,思想、政治和道德的主导,离开了主体多样化发展，就会成为教条、流于形式，甚至成为主体发展的障碍。

在当代中国，高校思想政治教育在本质上就是运用中国特色社会主义的思想、政治、道德理论对大学生进行规范和引导。而当下的引导是在多种客观因素、多样化理论影响和多种机制作用下进行的，是对多样化的导向与规范。不研究客观因素影响的性质与方式，或不正确地选择和运用理论，思想政治教育不是陷于空谈就是背离主导，这两种倾向十分突出地影响着大学生思想政治教育的效果。为此，思想政治教育学科要综合运用发展的中国化马克思主义理论与相关学科理论，既要分别研究社会客观因素对学生思想和行为的具体影响，更要研究这些因素对学生思想和行为的综合影响。重点要研究市场体制和经济全球化推进过程中的国家政治主导，对外开放和多元文化激荡中的民族文化主导，科技发展和社会信息化条件下的人本主导，社会民主化和个体特色化发展中的核心价值主导，这就是新的历史条件下所要研究的主导性思想政治教育形态。主导性思想政治教育，在对象上是对社会多样化以及多样性思想政治教育的概括和超越，没有对多样性的抽象就没有主导性；在功能上就是形成共同理想、核心价值观，没有对多样性取向的规范就不可能有共同目标；在性质上就是维护社会主义意识形态的安全，没有对多样化文化的合理选择、吸纳、鉴别和批判，就不能发挥社会主义意识形态的主导作用。

2. 个体层面的个性化与社会化的矛盾状态

所谓个体的个性化与社会化，是指大学生在市场体制条件下拥有自主权和民主发展条件下拥有自由性，能够独立、自主和创造性地发展自己主体性与个性特点；与此同时，还必须融入社会的政治、经济、文化与道德生活，接受社会政治、法制与道德规范。应当看到，社会的客观条件，既赋予了个体个性化发展机制，同时也提出了社会化发展的新要求。市场体制、社会民主和信息条件赋予学生自主权、自由性，但有些学生往往只局限于自身范围，珍惜自身的自主权、自由性，难以兼顾全局而忽视制约自主权与自由性的政治、法制与道德规范。也就是说，拥有自主权、自由性的学生往往难以自发社会化，需要学校通过教育与管理推进学生个体社会化。社会化的实质是促进学生认可、接受和融入社会的发展目标与规范，而思想政治教育在本质上就是运用思想、政治和道德的目标、规范来推进学生的社会化。当下大学生的社会化，是在其拥有并追求主体性，而不是在过去依赖性条件下进行的。大学生的主体性表现为独立性、自主性与创造性三个层次。一些大学生在学习、生活、交往、择业等实际活动中，主体性显示比较充分，而对思想、政治和道德的价值性认识不充分，即对社会化的发展取向有所忽视，因而在思想、政治和道德观念、规范形成与掌握上主体性欠缺。

大学生的生活，包括物质生活、学习生活、精神生活等，都是实在的和必不可少的，这些生活本身就是社会的一部分，需要社会加以规范。要使大学生在各项生活中真正富有主体性，必须以实际生活为基础，形成生活的正确目标，遵循生活的规范，自主地在生活过程中育德，通过生活实现与社会的交流与融合。离开大学生的实际生活而空谈社会化道理，会造成实际生活与社会化规范的脱节。为此，思想政治教育学科，要研究当代社会背景下大学生的生活内容、目标与方式，把社会的政治、法制和道德目标、规范融入大学生的实际生活之中，实现个性化与社会化的有机结合，这就是“三贴近”所要求的生活化思想政治教育形态。人的“生活”是一种有意识和有目的的对象性活动，是创造“生存”意义的生命活动。生活化思想政治教育的目的，就是研究和赋予大学生生命活动的意义，就是对大学生的生活进行科学性与价值性引导，以提高大学生的生活质量与生命价值。

主导性思想政治教育与生活化思想政治教育，是基于研究与教育的一种划分。前者主要是面向社会与所有个体的理论教育，后者重点是面向不同类型个体的咨询教育。前者要根据个体实际与特点进行内化、铸塑教育，后者要运用社会理论进行社会化教育。光有前者而没有后者，将难以实现理论向大学生实际生活的转化，容易导致空泛；相反，光有后者而没有前者，则难以实现大学生在实践基础上的超越，容易导致局限。

（三）实施大学生思想政治教育专业化或专门化

大学生思想政治教育，主要包括思想政治理论课教育，日常思想政治教育，以及教书育人、管理育人和服务育人活动。思想政治理论课教育是系统的马克思主义理论教育，纳入了高校的课程体系与教学计划；

教书育人、管理育人、服务育人活动主要依托业务教学、管理与服务工作进行日常思想政治教育，这主要依靠高校教师、辅导员队伍担当。

这里所说的大学生思想政治教育专业化或专门化，主要是指从事大学生日常思想政治教育的高校教师、辅导员的职业化。如何运用思想政治教育学科与相关学科的理论，对大学生进行科学性与价值性相统一的指导、咨询与管理，实现大学生的日常生活由自发向自觉、由经验向科学的转变，就成为实施高校思想政治教育内容创新的迫切任务。应当清醒地看到，大学生日常生活的范围是广泛的，内容是丰富多彩的，方式是多种多样的。正是因为这一领域具有日常性与综合性的特点，所以学科研究或因平常而忽视，或因综合而放弃，致使这一领域长期处于自发状态。学生的日常生活，主要靠自己摸索，难以得到科学性与价值性相统一的指导。高校不少教师、辅导员往往忙于琐碎事务而疏忽教育，陷于经验化管理而缺乏专业化咨询。正是因为这一原因，导致大学生思想政治教育的影响力不大，思政教师和辅导员在高校的地位不高，德育首位难以得到保证。

在传统教育观念影响下，重智育轻德育、重科技轻人文的倾向，使一些高校的领导者和教育工作者，忽视了对大学生思想政治教育的研究与开发，致使思想政治教育滞后于科学技术和智育的发展，使一些大学生在发展选择和取向上出现偏差，从而导致大学生对思想政治教育的需要和教育者满足大学生需要的方式与社会发展、人才培养的要求出现差距。也就是说，大学生的专业学习，依托着专业与学科的系统知识，实现了学科化与专业化，而大学生的非专业活动或日常活动，在很大程度上还处于自发的、经验的状态。在社会与自然一切领域都学科化与专业化的历史条件下，在追求高深学问的高等学校，在培养人才这一重要内容上仍然处于自发的经验状态，这显然是滞后的。因而急需对大学生日常生活领域进行探索、研究和开发。这种探索、研究和开发，在很大程度上就是人才资源开发，就是实现大学生思想政治教育的专业化。

思想政治教育学科要从整体上、性质上和特色上把握大学生思想政治教育的专业化研究。这体现了以下几个方面的要求：

第一，大学生的生活特点决定大学生思想政治教育专业化特点。

大学生处在迅速成长成才的人生关键时期。这一时期是充满希望与矛盾的特殊阶段，具有特殊的生理特点、心理特点、思想特点以及特殊需要、特殊地位和特殊作用。他们要在矛盾中选择，在曲折中发展，在比较中塑造。因而，在专业化研究中，一定要充分体现大学生的特点，而不仅仅是一般性思想政治教育研究。

第二，时代特征决定大学生思想政治教育专业化特点。时代特征集中体现在前面所讲的几大客观因素上，这些因素既改变着大学生的生活内容与方式，又开辟了大学生新的生活领域。因此，思想政治教育学科要对新的生活内容、方式和领域进行概括、提炼和升华，引导学生自觉进入现代生活。同时，要分别研究客观因素对学生影响的性质、方式与程度，分析、解决学生所共同面临的新情况和新问题，要对大学生在竞争压力、信息压力下的迷惘、困惑、失衡、失态等状态的表现、危害、根源进行深入分析。

第三，民族特性决定大学生思想政治教育的专业化特点。高校辅导员专业化在发达国家高校已基本实现。如美国每个高校都有10个左右的专业化教育与咨询项目，每个项目都有学科（综合的）依托，并专门配备职业化的辅导员。发达国家用于辅导的理论与方法，是根据发达国家的文化传统与具体国情而形成的，是为发达国家培养人才服务的，我们可以借鉴但不能照搬。我国的民族特性集中表现为民族文化性质与社会主义性质。这一特性主要体现为五个方面：一是重德治德教的伦理文化传统（区别于西方重法治管理传统）；二是重整体主义、集体主义的价值取向（区别于西方重个体主义、个人主义价值取向）；三是重世俗的社会理想、民族信念（区别于西方重超世俗的信念与个体理想）；四是重和平和谐的发展追求（区别于西方不协调发展）；五是重以民为本和以人为本（区别于西方以物为本）。以上这些特性由中国传统文化与中国化马克思主义理论来体现。因此，对于思想政治教育学科的研究，既要明确提出大学生生活的指导理论，又要渗透这些重要的民族特性。

第四，应用性决定大学生思想政治教育专业化特点。大学生的生活是现实的、具体的，我们只能面向现实的、具体的生活问题进行研究，而不能脱离现实、具体的生活实际空讲道理。在选择理论、知识研究和解决问题时要有针对性，要根据实际需要选择和运用理论，而不是反其道而行之。应用性首先要求研究要有问题意识，要发现问题并围绕问题展开，而不是满足于理论体系的主观建构。同时，要有对问题表象的归纳、对问题本质的分析、对问题价值的阐述、对问题根源的探究，并要有解决问题的途径、方式、手段和技术。

（四）抓好德育工作

高校德育的根本任务在于帮助大学生完成其对人生意义的求索和生存质量的提升。构建与大学生生活紧密结合的、生活化的德育格局是高校人本性德育的真谛。人的生活和动物的生存的很大不同在于，人不仅需要生活在一个物理世界中，还需要生活在一个意义世界里。人通过自主的活动来构建自己，不断完善自我的内心生活，完善与外界的联系，完成作为“人”的意义。因而意义世界的建构对维持个体与社会的生命存在具有至关重要的价值。生活，究其根本就是追求人生意义的活动。一方面，意义内在于生活之中，是生活的有机构成。生活世界既是事实世界又是意义世界，是两者相互联结的世界。生活的意义负载于生活的事实中，离开了生活的事实和实际的生活过程，生活的意义就会成为虚妄，这样的“意义”也是无意义的。另一方面，任何生活事实都被打上了意义的烙印。生活的事实总是在生活意义的展开中实现为事实的，人也总是按照他自己对生活意义的理解和设定来营造现实的生活活动与生活关系的。人的生活包括物质生活和精神生活两部分。人不仅需要活着，而且需要活得有意义。由此产生了人类社会生活领域一系列的关系准则：政治的、经济的、文化的、道德的、法律的等等，其中包括协调人与人的关系、人与社会的关系和人与自然的关系的规范，这可称之为“道德准则”。道德教育的终极目标就是使人们追求幸福生活。

道德的价值与存在取决于生活，道德教育的存在自然也是为了人的生活，为了人的精神生活，为了提高人的生活质量。“在当今的学校中，人文学科的萎缩，德育和美育的被放逐，或者它们也变质为纯知识、纯技能学习的领地，这些都表明意义世界在教育阵地的塌陷，教育成为‘无意义’的教育。远离了意义世界的教育，也就从根本上远离了生活，因为人的生活是有意义的生活，没有意义的生活也就只能是动物式的存活了”[①]。大学生作为道德的存在，其最鲜明、最生动的意义，就在于他们有属于自己的现实的道德生活。高校德育的根本任务在于帮助大学生完成对于人生意义的求索和生存质量的提升。高校德育只有致力于让大学生生活在一个意义世界里，使其圆满生长时，才能尽自己的职责于万一。道德与生活原本是一体的，道德源于生活。过什么样的生活，就受什么样的教育。大学生每时每刻都在生活的浸染之中，大学生的德性的发展和他的生活一脉相承，过什么样的生活，就受什么样的德育，就会有什么样的德性。生活世界是创设充满情感和智慧的教学情境、激活学生自主建构学习的保证。所以，只有根植于生活世界，德育才能具有深厚的基础和强大的生命力。离开了生活，道德就成了空虚的原则；离开生活谈德育，无异于“岸上教游泳”。

在生活化情境中渗透德育。“一个完整的德育过程，应该是体验者的认知活动、体验活动与践行活动的结合”，“人对道德价值的学习，以情感的体验型为重要的学习方式”。高校德育区别于其他社会意识形态的根本特征就在于它的实践性。因为道德是以实践精神的方式来把握世界的，具有意识与行为、理论与实践相统一的特点。所以，高校德育也就有了它自身的特点和规律，即强调潜移默化、个体觉悟和生活践履，强调情感体验和知行统一。评价一个人道德品质好坏的客观标准，衡量道德教育成败的根本尺度，就在于道德实践。只有知行合一，注重道德实践，紧密结合学生的生活、学习的现实境况，在生活化情境中教育影响他们，如此道德教育才能成功。因此，高校德育必须把理论讲授与生活实践活动结合起来，注重在生活实践情境中，引导学生面对生活世界的种种现实问题，综合运用所学的道德理论知识，主动去探索、发现、体验、交往与亲力亲为，获得解决问题的真实经验，促使他们实现从理解规范到践履规范的转变，最终帮助大学生达到对自己的合理的内在控制。

在充满生活气息的校园文化中渗透德育，作为一种特殊的意识形态和群体意识，充满生活气息的校园文化通过特定的人文环境的熏陶、渗透和升华，将其长期培育和积淀的传统作风和学术气息等，转化为环

①李大健．生活化：高校人本性德育的真谛[J]．复印报刊资料（思想政治教育），2009（3）：46-50.

境中人们共同的观念追求、价值标准和行为规范，从而不断作用于校园文化主体，实现育人的目标。充满生活气息的校园文化活动的类型和形式主要有：感受体验活动、游戏娱乐活动、行为操练活动、模拟操作活动、表演竞赛活动、信息交流活动、竞赛参与活动、自我展示活动、选择辨析活动、讲演辩论活动、运筹对策活动等等。高校要通过组织多元化的活动，让学生在活动中学习，在主动中发展，在合作中增知，在探究中创新，使德育焕发出生机勃勃的活力。

高校应设法使校园文化的教育作用自然化和情境化。这要求教育信息的输出应融于一切动态和静态的“看似无意实为有心”的校园文化之中，尽可能以自然的方式，从物质环境到精神环境体现教育的内涵，减少刻意的人为的痕迹，注重创设情境和氛围，以促使个体产生内在的需要和情感上的共鸣，让学生感受到从事这项任务的必要性，达到深有感触、不悱不发的境界，自己主动地、积极地去完成。这样，就能促进德育与校园文化建设的和谐相长。随着社会的多元文化与价值的冲击，高校德育所面临的一个重要任务，就是正确选择和吸收与之相适应的认知行为模式、道德标准、文化和价值取向，本着参与、交流、服务的原则，给学生更多的生活维度、更多的德性发生的语境。开放的校园是时代的呼唤，是德育回归生活的必然。开放的校园应充分体现社区性，应拆除隔离德育与生活社区的围墙，以高校为核心向周边社区辐射，以其人文与科学的优势向生活社区蔓延、向社会蔓延，将社区纳入学校的视野，拓展学生生活空间，开阔高校德育新视角。社区与校园的良性互动，将使高校德育落在生活的真义中，这也是高校人本性德育的应有之义。

第三节　高校思想政治教育工作内容创新的方法路径

一、借鉴他山之石

“他山之石，可以攻玉”。综观当代发达国家的高校教育，尽管没有使用“思想政治教育”的名称，但在其课程设置和内容设计方面，都包含着丰富的思想政治教育内容。例如：在美国，网络教育内容非常发达，其中就包括公民教育、历史教育、法制教育与信息素养教育等内容，并呈现出隐蔽的政治性、较强的拓展性与明显的针对性三个主要特点。

在日本，高校教育中思想政治教育的内容多种多样，主要通过以下几种途径来实施：一是专门课程教学。虽然日本各高校开设的专门思想政治教育课的名称及具体设置有所不同，但通过专门的思想政治教育课程来加强思想政治教育的目的是共同的。二是小组讨论。小组研究和讨论的授课形式是日本高校普遍采用的思想政治教育方式，对深入思想政治教育的内容教学有着独特的作用。三是主题讲座。开设主题讲座，是日本高校思想政治教育实施的重要一环。四是实践活动。在日本，实习、考察、调研等实践活动不是简单的课外活动，而是与课程相关联的一部分。此外，日本高校还通过专业课程教育和课外活动等形式补充和完善思想政治教育的内容[①]。

韩国的思想政治教育更具特色："孝道"教育从娃娃抓起，并渗透在韩国经济、社会生活的各个角落；以个人为圆心，逐渐扩展到家庭、学校、社会、国家的思想政治教育内容结构模式；具有韩国特色"身土不二"的爱国主义教育；采用古为今用、洋为韩用的方法；思想政治教育评价坚持多样化原则，多方面、多角度地考察教育效果，强调对学生思想道德品质进行客观、全面和准确的评价。我们需要科学借鉴韩国的"孝子"产业、韩国特色"身土不二"的爱国主义精神和强调知与行统一的观念。

北欧一向以经济发达、社会自由、福利优厚、清正廉洁和人民幸福指数高而闻名于世，具有北欧特色的思想政治教育对此功不可没。北欧各国的思想政治教育目标主要包含两个内容：反映个人要求的心理品质的目标和反映国家要求的公民品质的目标。北欧国家思想政治教育特色鲜明：一是思想政治教育的宗教色彩浓厚；二是重视对社会主义核心价值观的宣传与教育；三是思想政治教育的形式灵活多样；四是注重隐性的思想政治教育。这对我国思想政治教育具有重要的启示：首先，夯实思想政治教育的信仰基础，增强对中国特色社会主义的认同感和适应性；其次，努力拓展思想政治教育的空间，注重实践性和开放性；

---

①孙婷．大学文化视域下高校学生思想政治教育创新研究[D].哈尔滨：黑龙江大学，2013：41-42.

最后，大力改进思想政治教育的形式，注重柔性灌输与渗透性。发达国家思想政治教育内容和方式启示我们，创新思想政治教育内容可以多途径、多角度入手。

二、营造良好的学科环境

一所大学的学科布局、规模和水平，构成一所大学的知识平台，也决定着创新教育的学科环境。学科环境是思想政治教育环境的重要组成部分，适宜的学科环境在一定程度上也是通过教育目标实现的重要因素。所谓学科环境，就是指大学校园内部能影响受教育主体的各种学科条件的综合，有四个构成要素，分别是学科设置、人（即教师和学生）、物（即图书资料、仪器设备等）和观念。“科学的学科设置和良好的学科氛围在大学生的成长过程中是不可或缺的，它构成了高等教育的一种生态”[①]。

然而，从当下中国高校的学科布局来看，思想政治教育作为一个专门学科，起步于20世纪80年代，建设时间较短，学科体系构建尚不完善，不仅学术界对该学科体系内容的构成观点不一，而且在实际运行过程中也没有引起应有的重视，甚至在一些高校还存在被边缘化的倾向。从事思想政治教育学科的教师往往遭受冷遇，仅有的学科研究在很大程度上处于自娱自乐状态。有的“陶醉于自我思辨，从概念中来又回到概念中去，论题越来越玄、论证越来越烦琐，越来越小众化”[②]；有的则“满足于注释、汇编与组合，而将思想政治教育学实质上演化为‘寻章摘句’之学”[③]，致使思想政治教育研究成为“无根性”研究。有学者抽取21世纪以来的一段时间内我国多所高校思想政治教育专业硕士研究生学位论文2077篇、博士论文279篇作为样本，经分析后发现，思想政治教育研究存在“无根性”特质。与其他学科相比，思想政治教育不同程度、不同范围地存在着“杂、散、疑、平、虚”等问题。要实现思想政治教育内容的创新，首要问题就是要完善和强化思想政治教育学科建设，凸显其科学性和规范性，实现其意识形态性和政治性特有属性的价值，既不能简单地用“思想教育”“道德教育”和“政治教育”代替“思想政治教育”，

---

①孟建伟．论科学精神的人文意义[J]．新视野，1999(6)：50-53．

②范维胜．自我理性：在思辨中突围[J]．美文，2014(16)．

③施佳伟．新形势下应转变思想政治教育观念[J]．东方教育，2015(9)．

也不能与一般的“公民教育”相混同，而是要作为一门独立学科来建设，并且还要下大力气克服思想政治教育事实上存在的知意行不一的现象。有下面几种现象：一是目前高校中，部分思想政治教育研究人员只管理论探讨，单纯地进行所谓体系的架构，对于现实生活中人们的“困惑”与“不解”视而不见；二是部分思想政治理论课教师，只对课本上、文件中的内容进行机械传输，对于传播内容的价值与意义则不予以揭示；三是部分思想政治教育工作者，只是沉迷于日常管理，对大学生新出现的诸多思想问题，不能科学认识与分析。高校思想政治教育“知意行不一”的现象普遍存在，不仅制约了思想政治教育实效性的提升，而且也损害了思想政治教育学科环境的营造，更影响着思想政治教育内容的创新。对此，需要进一步提高思想政治教育者的理论素质，要站在学科及学术的前沿，开阔创新视野，重视理论研究及国际的学术交流；积极营造科学、理性的学科环境，为思想政治教育内容创新提供广阔的空间。

三、转变思想政治教育观念

转变思想政治教育观念是开展思想政治教育内容创新的先导。传统的思想政治教育往往是灌输和说教，对其内容的科学性、严谨性和吸引力很少顾及。革除传统教育的弊端，必须从转变教育思想观念开始。

就中国的高等教育来说，要树立全新的教育观和人才观，就需要把以传授知识为主的传统教育观转变成人文精神、科学素养和创造能力协同培养的新型教育观；把培养精英人才的教育观转变成培养“专通结合”人才的教育观；把片面的智力教育观转变成培养综合素质的教育观；把继承性和传播性教育观转变成内在价值观与外在价值观协同作用的教育观；把唯物质的教育观转变为可持续发展的教育观；将单纯的经济、政治的教育观变成以经济、科技和人力资源为基础的综合国力的教育观；把以学科为中心的教学模式转变为以学生为中心的教学模式。学生只有成为知识的主人而不是容器，才能创造性地应用知识，进而对知识进行创新。

思想政治教育观念的创新是思想政治教育内容创新的前提。只有思想政治教育观念创新了，思想政治教育的内容方法、机制等才能真正创新。因此,我们强调创新思想政治教育内容,就必须做到:第一,始终站在理论和实践的前沿,更新思想政治教育观念,进一步强化服务学生的意识,这是实现思想政治教育观念创新的最重要、最核心和最根本的观念;第二,确立符合时代要求的新观念,这是实现思想政治工作观念创新的现实需要;第三,坚持以人为本,促进人的全面发展,这充分体现了新时期思想政治教育的价值定位和角色定位的新变化。

四、优化课程内容体系

优化课程体系是实施创新教育的根本。课程设置是培养具有创新能力人才的核心环节。只有构建起面向21世纪、面向知识经济的课程体系,才能孕育出知识经济时代高素质的人才。当今知识经济时代,我们面对的是瞬息万变的知识创新的局面,传统的以学科为中心的课程模式,其所形成的学生的知识结构和智能结构,已不能适应知识经济时代对人才的需要。

创新课程内容体系是思想政治教育工作改革的重点所在,也是转变观念的主要落实之处。在谈到内容的改革时,人们往往很自然,也很直接地想到,应该根据目前形势和国际潮流的变化,补充一些新颖的东西,或者调整一下布局。实际上,在进行思想政治教育的内容设计与选择时,首先必须澄清这样一个问题:这种教育的内容体系应该如何确立?只有理顺了思路,才能真正有针对性地确定教育的内容。

在设计教育内容时,不是从最基本的公民素质培养开始,逐步上升到崇高理想的引导,而是从一开始就为学生确定了一个可望而不可即的目标,忽略了如何让学生一步一步实现它,结果导致学生学习时目标不明确,对未来茫然不知所措。教育的过程应该是感性认识—感悟—知识。知识是学习的最高阶段,只有经历前面两个阶段才能获得知识。教育的过程是一个获得智慧的过程,从中使受教育者获得创新的能力。以往教育中,学生从小就能很容易获得知识,但缺乏探究,没有感悟,最终只是学得了知识,但没有得到智慧。改变这种状况,不仅要改变传统的教育观念,而且必须从优化课程内容体系入手。可以说,现代社会我国高校在思想政治教育课程设计的理论与实践方面取得了一些进展,但在建设社会主义市场经济体制和高等教育大众化背景下,高校思想政治教育内容设置仍不够切合学生思想的实际。从形式上看，有点单一，缺乏多样性，具有统一模式化、非个性化特点。这导致学生关于马克思主义理论与实践的知识结构单一狭窄。此外，还有一个问题就是课程内容设计学术性过强，缺乏灵活性与趣味性，与市场经济中创新型、应用型人才的思想政治素质要求不吻合，与未来人才培养规格不适应。

分析我国高等思想政治教育课程设计的情况，以学科为中心的课程设计观念没有考虑到大学生是受教育的主体，忽视了作为主体的大学生；以活动为中心的课程设计主要目标指向学生的实际操作技能，解决实际问题时没有考虑到知识的思想教育价值。思想政治教育课程设计应该考虑大学生的思想需求与兴趣，把科学的知识结构和理论体系结合起来，从而构成思想政治课程的内容。思想政治课程设计应该把理论与实践有机地结合起来，使大学生有新奇感，启发大学生的思路，鼓励大学生大胆探索、大胆设想，放手让大学生在实践中自我锻炼，依靠自己的力量，使大学生产生自豪感，增强其自信心，强化思想发展意识。

五、抓好社会主义核心价值观教育

社会主义核心价值观是社会主义核心价值体系的内核，体现社会主义核心价值体系的根本性质和基本特征，反映社会主义核心价值体系的丰富内涵和实践要求，是社会主义核心价值体系的高度凝练和集中表达。党的十八大以来，中央高度重视培育和践行社会主义核心价值观。习近平总书记多次做出重要论述和提出明确要求。中央政治局围绕培育和弘扬社会主义核心价值观、弘扬中华传统美德进行集体学习，中共中央办公厅还印发了《关于培育和践行社会主义核心价值观的意见》。党和国家的高度重视和有力部署，为加强社会主义核心价值观教育实践指明了努力方向，提供了重要遵循。

党的十八大提出，要积极培育和践行社会主义核心价值观，倡导富强、民主、文明、和谐，自由、平等、公正、法治，爱国、敬业、诚信、友善。其中：富强、民主、文明、和谐是国家层面的价值目标；自由、平等、公正、法治是社会层面的价值取向；爱国、敬业、诚信、友善是公民个人层面的价值准则。这24个字是社会主义核心价值观的基本内容。

社会主义核心价值观与社会主义核心价值体系是两个既有内在联系,又彼此区别的命题。从根本上来说,社会主义核心价值观与社会主义核心价值体系在本质上是一致的、统一的,它们都体现了社会主义的核心价值追求,是建设中国特色社会主义不可或缺的重要组成部分。但从严格的意义上来说,它们又是相互区别的。社会主义核心价值体系指的是社会主义意识形态中那些反映社会主义经济、政治和文化制度要求,体现社会主义发展趋势的核心思想意识、价值观念的总和;而社会主义核心价值观则是对社会主义核心价值体系核心内容和精神实质的高度凝练及抽象概括。确立社会主义核心价值观与构建社会主义核心价值体系,是一个相辅相成、有机统一的过程。对高校思想政治教育来说,加强社会主义核心价值观教育,就要做到以下几点:

第一,坚守高校社会主义核心价值观教育主阵地,清醒认识"普世价值"的西方意识形态的渗透本质。西方发达国家凭借经济科技上的优势,把持着强势话语权,维系着其思想上的统治,以"普世价值"名义推行自身价值观。当今世界,意识形态的冲突突出表现为文化软实力竞争的加大,特别是核心价值观的冲突。欧美发达国家打着"普世价值"的旗号进行核心价值观上的渗透,力图把握思想主导权,抢占道德制高点。而马克思主义在深刻揭示了西方自由、民主、人权的阶级实质和历史局限后,成功抢占了当代人类文明的道德制高点。以马克思主义为指导的社会主义核心价值观,是我们把握新时期主流意识形态建设主动权的基础。高校大学生处于社会化的敏感阶段,其价值观极易受到社会多元文化的影响,特别是披上"普世"外衣的价值观更容易受到青年学生的推崇。当代青年学生担负着建设社会主义和谐社会的重任,加强大学生社会主义核心价值观教育,占领高校核心价值观教育阵地,是加强与巩固当代青年学生对社会主义、马克思主义认同感的迫切要求。同时,要用马克思主义引导大学生深刻认识资本主义本质,培养学生形成良好的价值判断力和价值分析能力,提高他们的思想品德素质和综合能力。

第二,培育和弘扬社会主义核心价值观必须立足中华优秀传统文化。"牢固的核心价值观,都有其固有的根本。抛弃传统、丢掉根本,就等于割断了自己的精神命脉”。中华文化源远流长，积淀着中华民族最深层的精神追求，代表着中华民族独特的精神标识，为中华民族生生不息、发展壮大提供了丰厚滋养。中华传统美德是中华文化的精髓，蕴含着丰富的思想道德资源。吸取传统文化精髓，立足我国发展现实，注重培养核心价值观教育中的时代精神。我国核心价值观的建立离不开对传统文化精华的广泛吸收，也离不开时代要求和发展现实，所以在高校核心价值观教育中要立足中华民族传统美德，合理吸收传统文化精髓，注重中华文明的传承。同时，在新的时期，还要树立时代榜样，用勤俭节约、诚信、友善等社会美德塑造新一代大学生。世界各国都非常重视对本民族整个历史发展过程的宣传，以增强青年学生的民族自豪感和自尊心，培养他们的民族意识和爱国精神。我国对大学生的爱国主义价值观教育也只有根植于本国历史传统，才能有效地实现中国特色社会主义核心价值观教育的目标。

第三，加强在隐性教学活动中对大学生进行核心价值观教育。社会主义核心价值观融入高等教育的过程离不开思想政治理论课的建设。思想政治理论课在高校社会主义核心价值观教育过程中发挥着主导性作用。应充分认识思想政治理论课的主导地位，充分发挥思想政治理论课的引领作用，充分提升思想政治理论课的课堂控制力，充分发挥思想政治理论课教师的主导作用，全面提升思想政治理论课在高校社会主义核心价值观教育中的主导性。除了思想政治理论课，其他专业课程、选修课程、实践课程乃至学生社团活动、校园文化等，都对培育学生的核心价值观起着重要作用，而且正是这些隐性课程实现了潜移默化、润物细无声的教育目的。目前我国高校思想政治理论课教学存在着学生排斥大于喜爱的情况，因而将核心价值观教育真正渗透到学校教学、管理、服务、活动等各个环节所发挥的作用不可小觑。所以，应把社会主义核心价值观渗透到文学、历史、艺术、政治等课程中，渗透到校园文化、社会实践活动、学生社团活动以及学校管理各环节中，从而增强核心价值观教育的实效性。

第四，拓宽核心价值观教育的实施途径，多样化开展核心价值观教育活动。在对大学生进行核心价值观教育时，要采取多种方式。思想政治理论课是大学生核心价值观教育的主渠道，但不是唯一途径，要充分开发和利用多种价值观教育途径，调动学校一切有利于价值观教育的资源，以此来开展核心价值观教育。教育规律显示，社会实践在推进大学生社会主义核心价值体系教育中的作用。首先，社会实践对大学生认知社会主义核心价值观具有转化作用，使大学生能够化抽象理论为具体行为，化被动接受为主动学习。其次，社会实践对大学生认同社会主义核心价值观具有强化作用，能够增强实践体验、澄清理论是非，提升社会主义核心价值观教育说服力。再次，社会实践对大学生践行社会主义核心价值观具有承载作用，能够提升社会主义核心价值观的个体化和整合力。同时，社会实践对大学生弘扬社会主义核心价值观具有辐射作用，是大学生模范践行社会主义核心价值观、增强其影响力的重要平台。微博作为一种新型的传播媒体，其传播速度快、传播范围广、内容互动多等特点，与大学生群体所具有的高素质、性格活跃等特点相契合，已经成为向大学生传播社会主义核心价值观的重要媒介。这就需要转变社会主义核心价值观的传播理念，重视微博在传播社会主义核心价值观中的重要作用，把大学生关注的现实问题与社会主义核心价值观教育联系起来，运用核心价值观说明和解释现实问题，充分发挥微博"意见领袖"的作用，扩大社会主义核心价值观传播的影响。

第五，坚持以人为本的价值观教育过程，加强学生价值判断能力的培育。实践证明，成功的价值观教育不仅是满足社会的需求，更是个人发展的要求。价值观的主体是个体的人，解决学生实际需求和贴近现实生活的教育形式才更有意义。因此，要把社会主义核心价值观的教育过程与学生的成长和发展结合在一起，把核心价值观教育变为学生自身发展的需求。学生在不同的年龄阶段，身心发展都具有一定的规律性，并且有着不同的需求，因此在核心价值观教育的过程中，要遵循他们的身心发展规律，适时提供比如职业生涯规划教育、心理咨询服务、就业指导服务等，帮助他们解决成长过程中可能遇到的情感、学业、人际交往、就业择业等各方面存在的困惑，真正做到以人为本，增强他们对学校的归属感和对社会主义核心价值体系的认同感和亲近感。同时，要重视对大学生价值的引导教育，重视加强价值理性的培养，增强学生的价值思考和判断能力，激发大学生自身的道德意识，提升他们的道德判断能力。

第四章　高校思想政治教育工作的方法创新

第一节　高校思想政治教育工作的方法概述

一、思想政治教育方法概述

思想政治教育方法就是教育者对受教育者在思想政治教育过程中所采用的思想方法和工作方法，或者说，是教育者为了实现教育目标、传授教育内容对受教育者所采用的手段和方式。为了正确地理解思想政治教育方法，就必须科学把握以下三个方面：

第一，思想政治教育方法是客观的。思想政治教育方法不是随意制定的，不是人们主观想象的产物，它必须与一定的教育内容、教育客体和教育环境相适应。思想政治教育方法，从形式上看是主观的，因为它是教育主体为了实现自己的主观目的而制定或采用的。但是，教育方法从内容上看又是客观的。因为教育主体的主观目的不是凭空产生的，而是由教育主体所处的客观条件和一定历史时期的特点决定的，因而教育方法要受教育主体所处客观环境的制约。同时，教育方法一定要与认识和改造的教育客体相适应，与一定的教育内容相一致。

第二，思想政治教育方法是辩证的。虽然不同的教育内容、教育客体、教育环境，要求不同的教育方法，但根据唯物辩证法关于事物普遍联系的原理，教育内容、教育客体、教育环境既具有不同的特点和各自的个性，又是相互依存和相互联系在一起的，因而它们所决定的方法也应该相互联结，而不应该彼此割裂。割裂不同思想政治教育方法之间的联系，同不按照一定的教育内容、教育客体、教育环境的要求采取一定的方法一样，都是不符合唯物辩证法的。同时，思想政治教育的过程是个复杂的动态过程，既包括认识环节，也包括工作环节，还包括反馈、评估等环节。这些环节前后相连、紧密相扣，构成了思想政治教育的完整过程。不同的环节，有不同的特殊矛盾，要运用不同的方法，而这些不同的方法，其中包括借鉴、引进其他学科的方法，都是为完成一定的教育任务服务的，都是教育过程不可缺少的组成部分①。

第三，思想政治教育方法是有规律的。思想政治教育方法的形成、变化和发展不是无缘无故的，而是要遵循一定的规律。任何一个教育方法的产生、发展，总是为了适应一定社会发展的客观需要，总是要有一定的客观条件。不符合社会发展客观需要，不具备一定的客观条件，也就是说不符合和不反映社会发展的客观规律，教育方法是不可能产生和发展的。同时，一定的教育方法适应和推动社会发展，主要是通过促进人们思想观念形成和发展来实现的。而人的思想的形成和发展也是有规律可循的，教育方法只有符合和反映思想形成和发展的规律，才能在实际需要和实际运用中形成和发展。因此，研究思想政治教育方法形成、变化和发展，必须符合社会发展规律和人的思想形成发展规律。

思想政治教育方法，既具有一般方法的特点，也具有思想政治教育的特点，概括起来主要有以下几点：

第一，科学性和革命性的统一。思想政治教育方法之所以具有科学性和革命性统一的特点，主要在于它是以马克思主义哲学为理论基础，以人们思想形成发展规律和思想政治教育规律为依据的，是为完成党的思想政治教育任务服务的。思想政治教育的一系列方法，都是以马克思主义哲学原理为指导的，是马克思主义哲学方法在思想政治教育领域的具体运用。在马克思主义指导下，思想政治教育方法吸收、借鉴了自然科学、社会科学和思维科学中的许多知识和方法，如系统论、信息论、控制论的方法，数学方法，心理学、伦理学、教育学、社会学等学科的知识与方法。这些学科知识和方法的借鉴和吸收，丰富了思想政治教育方法的内容，进一步增强了思想政治教育方法的科学性。

第二，实用性与规范性的统一。实用性和规范性是一般方法的共同特点，思想政治教育的一系列方法，不是来自纯粹的逻辑构思和理论推导，而是来自思想政治工作的实践，是广大思想政治工作者和人民群

①王春霞.论高校学生思想政治教育方法的创新[D].重庆：西南师范大学，2005：19-20.

众在实践中总结、提炼出来的,经过实践检验证明是正确的,因而具有实用性和规范性。

第三,渗透性和交叉性的统一。思想政治教育方法的渗透性和交叉性特点,是与人们思想、观念、意识的特点紧密相连的。人们各种各样的认识、思想观念,是受客观条件影响形成的,并且不是以纯粹的观念形态孤立地表现出来的,而是通过实际行为,通过一定的事件、职业、生活方式、环境条件等客观因素表现出来的。也就是说,主观的思想要通过客观的形式来表现,主观因素与客观因素总是相互联系、相互交错在一起的,思想具有渗透性。要分析和解决人们的主观认识、思想观念问题,不能就思想论思想,只讲主观不讲客观,一定要联系客观条件,结合人们的学习、工作、生活实际,运用一定的载体来做,思想政治教育方法就要同其他方法,如管理方法、业务学习与业务工作方法、生活方式等结合起来运用。同时,人们思想的形成、变化、发展不是直线式的,影响思想形成、变化、发展的因素不是单一的,而是多样的。这就决定了我们在进行思想政治教育的过程中,要根据不同的思想问题,针对不同的对象,因时因地、因人而异地综合采取各种不同的教育手段,交替使用多种不同的教育方法。

二、大学生思想政治教育方法创新概述

中共中央、国务院《关于进一步加强和改进大学生思想政治教育的意见》明确指出:“在继承党的思想政治工作优良传统的基础上,积极探索新形势下大学生思想政治教育的新途径、新方法,努力体现时代性,把握规律性,富于创造性,增强实效性。”我们应积极领会和贯彻《意见》精神,努力探索新形势下加强和改进大学生思想政治教育的新途径、新方法,提高思想政治教育工作的实效性。

(一)思想政治教育方法创新是新时期面临的新课题

在新的时代,思想政治教育的对象和环境更为复杂,思想政治教育的方法创新就显得尤为迫切和重要。

第一,科学技术的高度发展,将使大学生置身于更加复杂的国际环境之中。以广播卫星电视和计算机网络为主的信息化手段以其覆盖面广、传播容量大、传输效率高将大学生置于传统文化与现代文明、东方

文化与西方文化、个体意识与国家意识、本国利益与他国利益的矛盾与冲突、判断与选择、吸收与排斥等复杂关系之中。各种社会思潮纷然杂陈，冲击着大学生的思想，改变着大学生的观念，使得大学生的政治态度、思想观念、价值观念变得更加复杂。这些都要求我们立足现实、面向未来、审时度势，创造性地选择和运用科学的思想政治教育方法，引导大学生正确对待西方各种文化思潮，剔其糟粕、取其精华，牢固树立正确的世界观、人生观和价值观。

第二，我国当前新旧观念的碰撞、文化的冲突都深深地震撼着大学生的心灵，他们的心态正经历着变化与调整。这些变化与调整，从总体上来说使得大学生的主体意识、法律意识、竞争意识和利益观念增强。但同时，一部分大学生的心态也出现了冷漠化的趋势，享乐主义等不良思想对大学生产生了不同程度的影响，使得一部分大学生丧失了对人生理想的追求。要解决这些新情况、新问题、新矛盾，原有的传统的有效方法固然可以继承，但毕竟不能十分奏效，我们必须准确把握当代大学生的思想脉搏，创造性地选择和运用更为行之有效的方法，充分发挥思想政治教育鼓舞人、教育人、引导人的作用，使思想政治教育服从和服务于学校改革、发展的大局。

第三，在市场经济条件下，大学生的文化知识水平提高，竞争意识、民主和科技意识普遍增强，思想观念、行为方式、价值取向多元化，不少大学生的思想处于不稳定的状态，存在思想、道德上的困惑和矛盾。一方面，大学生通过接受正面教育，感到天下兴亡，匹夫有责；另一方面，大学生对社会上出现的拜金主义、个人主义又产生疑虑，对某些消极腐败现象感到无所适从，感到道德认识与道德实践、理想与现实的反差很大。

第四，严峻的竞争和就业形势使大学生心理障碍日渐严重。大学是一个精英聚集、人才辈出的地方，许多学生刚从高中升入大学，原有的优越感一下子消失殆尽。于是，许多人产生自卑心理，逐渐走向自我封闭，产生心理障碍。同时，随着高校的扩招，大学生毕业面向市场，双向选择，自主择业，不包分配，就业矛盾和困难逐步彰显。许多大学生在求职就业时陷入无法选择的困惑之中。一些大学生不善于接纳变化，只局限于所学专业，没有开放的心态。一些大学生自我认知不准确，缺乏对困难的自我处理能力，不明确自己要干什么。此外，他们对生活和爱情的困惑、对环境的不适应、人际关系的不协调，还有社会上一些不合理的现象的影响，使很多在校大学生感到前途渺茫，学习积极性受挫，政治热情下降，甚至走向极端的事件也时有发生。

（二）思想政治教育方法创新必须坚持“四个结合”

思想政治教育没有固定的模式，对任何一种方法都不能简单地予以肯定或否定，关键是看其是否从实际出发，能否达到预期的教育效果。思想政治教育方法的有效与否还取决于思想政治教育者在整个教育过程中能否灵活地、多形式地、创造性地探索出好的方法。当前，思想政治教育方法的创新必须坚持以下“四个结合”。

1. 坚持政治教育与成才教育相结合

在大学生思想政治教育过程中，政治教育是成才教育的核心，是大学生健康成才的有力保证；成才教育又是政治教育的出发点和立足点。大学生要成就事业，必须首先确立崇高的理想志向，树立正确的世界观、人生观和价值观，必须确立成才须先成人的思想。因此，把思想政治教育建立在大学生成才教育的基础之上，这是思想政治教育的方法论基础。同时，政治教育与成才教育的结合，能够促使大学生把崇高的理想与勇于探索的求实精神结合起来，在注重自身修养、道德理想与人格素质不断提升并日趋完美的同时，激发自己为迎接未来挑战而发奋学习的自觉性、主动性和积极性。

2. 坚持理性教育与感性教育相结合

思想政治理论课是高校对大学生进行思想政治教育的主渠道和主阵地，是每一个大学生的必修课，它对于提高大学生的政治觉悟和理论水平、提高大学生的政治鉴别力和政治敏锐感、推进大学生素质教育、培养大学生的创新精神和实践能力有着不可替代的作用。在对大学生的全面教育过程中，仅有理性教育往往是不够的，还必须充分认识到情感因素在大学生思想教育过程中的重要作用。假若我们在教育过程中一味强调“高标准、严要求”的教育方法，而不跟大学生进行感情上的联络与沟通，大学生就很难积极配合参与，甚至会产生抵触情绪，这样就会使思想政治教育陷入困境，难以达到预期的效果。因此，我们对大学生进行思想教育时，应该充分发扬民主作风，尊重大学生的独立人格，理解大学生的思想感情，关心大学生的生活需求，注重理论疏导，在教育者与被教育者之间建立起信任、理解和真诚的感情，使情与理有机结合。情、理结合能使大学生从教育者的关怀与温暖中自觉地接受教育。

3. 坚持主导教育与自我教育相结合

大学生是高校思想政治教育的主要对象，也是高校精神文明建设的主体力量。过去我们常常注重思想政治教育者在思想教育过程中的主导地位，一味强调教育者的主导作用而忽视了大学生在思想教育中的主体作用和主观能动性的发挥。实践证明，这种教育方法已不能适应时代发展的要求。市场经济要求活动的主体具有独立平等的人格，只有主体的人格保持独立平等，整个社会才能真正做到自由公正。在市场经济大潮的冲击下，大学生自尊、自立、自强的意识不断提高，他们渴望能在民主平等的气氛下自由发表自己的意见。因此，我们在对大学生的思想教育过程中，必须充分发挥大学生的自我教育作用，在充分尊重、信任大学生的前提下，平等对待学生，充分相信、依靠学生，采取民主协商、平等对话、双向交流的方式，启发学生进行自我教育，帮助和引导大学生学会自我约束、自我监督、自我管理，充分发挥大学生的主观能动性，使主导教育内化为大学生的自觉行动，实现由“他律”走向“自律”。

4. 坚持解决思想问题与解决实际问题相结合

思想政治教育本质上是群众工作，是宣传群众、教育群众、引导群众、提高群众的工作。大学生思想政治教育必须代表大学生的利益、维护大学生的利益，在方法上既要解决好大学生的思想问题，更要解决好大学生的实际问题，做到既务虚又务实，才会收到真实的、持久的效果。如果只注重解决大学生的思想问题，不注重解决大学生的实际问题，思想政治教育就会变成空洞的说教或许愿，就不会受到大学生的欢迎。随着教育体制改革的不断深化，缴费上学、自主择业使得部分大学生思想压力加大、思想疑虑增多。如果思想政治教育者能从大学生的根本利益出发，积极创造条件，努力解决大学生的各种实际问题，坚持解决思想问题与实际问题相结合，就能用事实教育大学生，让大学生在明理时受益，在受益中明理。

高校学生思想政治教育方法的创新，只有结合新形势下出现的新情况、新问题，才能具有很强的针对性和现实意义，只有在科学发展观的指导下，结合思想政治教育工作中的具体情况和学生实际，才能具有实效性、吸引力和感染力。

第二节　思想政治教育工作方法的继承与借鉴

思想政治教育方法是在不断适应历史条件的变化中发展的，是在继承与借鉴和创新的辩证统一中发展的。只有继承和借鉴我国古代的教育方法，继承党的思想政治教育的优良传统，批判地吸收国外教育中一切有益的东西，并根据时代需要，及时改革和创新，思想政治教育方法才能成为促进思想政治教育发展的强有力的手段，才能充分发挥对社会主义现代化建设服务的保证作用。

一、我国古代的德育方法

我国古代德育方法，或称思想政治教育方法，经历了几千年的历史发展，特别是儒家的伦理方法，在中国封建社会一直居于主导地位，所以中国古代思想政治教育方法相应地比较系统和完善。下面就我国古代主要的德育方法概述如下。

（一）因材施教

因材施教出自《论语·为政》。所谓因材施教，就是有的放矢，要有针对性、有层次、有重点。在思想政治教育的教学过程中，教育者应该尊重和承认学生的个性差异。教师要从学生的实际情况、个别差异出发，有的放矢地进行有差别的教学，使每个学生都能扬长避短，获得最佳的发展。因材施教不但是我国古代教学经验的结晶，还是现代教学必须坚持的一条重要原则，它具有非常丰富的现代价值。实行因材施教，对培养适应时代需要的创新型人才，具有非常重要的现实意义。

因材施教原则的内涵有以下几点：第一，教师对学生的一般知识水平、接受能力、学习风气、学习态度和每个学生的兴趣、爱好、知识储备、智力水平及思想、身体等方面的特点都要充分了解，以便从实际出发，有针对性地教学。第二，教学中既要把主要精力放在面向集体教学上，又要善于兼顾个别学生，使每个学生都得到相应的发展。第三，针对学生的个性特点，提出不同的要求，分别设计不同个性特点和学生成才的最优方案。为此，推行人性化教学至关重要。因材施教让教学形式更灵活多样、教学内容更加自由，它要求教师在教学过程中要积极增强辅导理念，改变学生行为，提升学生学习信心，维护学生尊严和价值感①。

（二）启发诱导

最早提出启发诱导教育思想的是孔子。孔子指出，教导学生，不到他想弄明白而又弄不明白的时候，不去启发他的思路；不到他想说而又说不出来的时候，不去开导他的表达。举出一个方面的事理启发他，而他却不能自动推知领悟其他与此相联系的多个方面的事理，就不再告诉他。这是我国也是世界上最早对启发式教学的经典性阐释。

启发诱导教学有鲜明特征，可以概括为以下几个方面：第一，适切性。所谓适切性，是指启发式教学的设计和实施应适合于学生的需求、水平、特点等。第二，主体性。所谓主体性，是指在教学活动中，学生学习的自觉性、积极性、创造性得到了较好的发挥。它体现在学生对学习的意义有明确的认识，采取主动进取的态度，有克服困难的毅力，有较浓厚的学习兴趣，掌握科学的学习方法。启发式教学的目的就是引导和促进学生的思维发展，离开学生的积极主动，这一目的是很难实现的。第三，互动性。所谓互动性，是指教学过程中师生之间的相互配合和相互作用。它是同主体性密切相联系而又相对独立的一个特征。启发式的互动，不是机械的互动和肤浅的双向信息交流。第四，发展性。所谓发展性，是指在教学过程中，教师能够有效地促进学生的全面发展，使教学活动富有成效。促进学生全面发展是教育教学的目标，实现这一目标需要一定的条件和机制，不是自然而然就能实现的。启发式教学能使这种转化富有成效，并具有“发展性”这种质的规定。需要注意的是，启发式教学各特点之间各有侧重，适切性是出发点，发展性是归宿，主体性和互动性是反映过程的特点，它们之间是互相依存和互相促进的。

①王东，陈先.新时期高校思想政治教育理论与实践[M].北京：九州出版社，2019：101-102.

(三)环境熏陶

古代思想家十分注意环境对人的思想影响所起的作用,所谓“性相近,习相远”,“近朱者赤,近墨者黑”,“与善人居,如入芝兰之室,久而自芳也;与恶人居,如入鲍鱼之肆,久而自臭也”,就是讲的环境对人的影响。如果想改造人们的思想意识,使之成为善良的人,就必须改造环境。这些思想都是很有积极意义的,实实在在道出了周围的环境对一个人的成长成才有着不可低估的作用。

大千世界,纷繁复杂,而社会却又如一个大染缸,它时时“沾染”着每一个踏入社会的人,而人们整日置身其中。由于所处的方位角度各自不同,所以造就了性格不同的人,有的人善辩、有的人多思,有的人如老牛耕地、有的人若麻雀筑巢,有的人乐观向上、有的人消极颓废,有的人一身正气、有的人却被时代之河的湍水淹没。

教育是要讲环境的,好的环境对学生的成长确实有着不可低估的熏陶作用。“孟母三迁”的故事很早就给我们证明了环境可以塑造人,也可以改变人这一观点。大学生正处于正确树立高尚的世界观和人生观的最佳时期,也是求知欲最旺盛的阶段,但此时对社会、对别人的辨别能力却很低。这就需要创造一个健康向上的社会和学校环境,以此来引导他们的健康成长。这正如雪白的墙壁的一角堆一堆煤,时间久了,墙壁也不自觉地被染成黑色,虽然墙壁原本是洁白无瑕的。

(四)率先垂范

率先垂范就是我们平常所说的以身作则,是我国教育者的优良传统。我国古代学者孔子说过:“其身正,不令而行,其身不正,虽令不从。”孟子提出“教者必以正”,重视“以身作则”的原则。这些都深刻地说明了以身作则的重要性。儒家要求统治者要树立“圣人”理想人格,具有全德、全智、全功的特征,“出乎其类,拔乎其萃”,是突出的优秀人才,是伦常的完满体现者,是道德之表率。只有这样,统治者才能教化万民、开启民智。儒家对教师则要求更高,认为教师要为人师表,做学生的楷模,对自己要“学而不厌”,对学生要“诲人不倦”,要以自己的负责精神、谦恭态度和博学多知来教育和感化学生。

率先垂范的方法要求教师充分认识到以身作则的重要性,凡是要求学生做到的，自己首先做到，而且努力做好；凡是不允许学生做的，自己坚决不做。教师能否做到以身作则，直接关系到教育的成败。学生是有思想的人，他们对教师不但听其言，而且要观其行，教师只有以身作则，才能赢得学生的信任和爱戴。反之，如果教师只是说得好听，而在行动上却是另外一种样子，学生就会不听教师的话，有的学生还可能口是心非、言行不一，成为“语言的巨人，行动的矮子”。

（五）教学相长

教学相长是《礼记·学记》中所提出的著名教学原则之一：“学然后知不足，教然后知困。知不足然后能自反也，知困然后能自强也。故曰：教学相长也。”意思是说，学生经过学习实践，才会发现自己知识经验的不足；教师经过教学实践，才会发现自己教学中的困惑之处。知道知识不足，便能发奋“自反”，加紧学习；感到教学的困难，便能“自强”不息，努力进取。所以说，教与学是相互促进的。

在思想政治教育工作中，教学相长要求教育者与教育对象在民主、平等、和谐和合作中相互作用、相互促进、共同提高，要求教育者要尊重人、理解人、关心人。尊重人就是要尊重人的需求、兴趣、创造和自由，要平等待人，在平等的基础上双向互动，进行思想沟通，求同存异。理解人就是要充分考虑人的内在心理需要。思想政治教育的内容只有满足人的心理需要，并经由各种教育渠道实现人的内在需求，才能真正促使个体通过各种途径去接受和践履。关心人主要是要关心人们的生活，关注人们的现实需求。但思想工作必须讲求春风化雨，润物无声，耐心细致，潜移默化，通过感受、体验、感染，使人们在情感共鸣和潜移默化中转变思想观念，提高思想认识。思想政治教育只有以人的现实存在为出发点，关注人的现实生活、关注人的发展需要和精神需求，才能从根本上调动教育对象的积极性、主动性和创造性，教育并引导他们为实现自己的利益而奋斗。

（六）身体力行

强调身体力行是中国古代教育中的又一重要方法和基本要求。所谓“行”既包括与“言”相对的“行”，也包含道德规范、道德观念的实行和体现。孔子说：“不能正其身，如正人何？”“其身正，不令而行；其身不正，虽令不从。”这些话虽然是就从政而言，但由于思想政治教育也是“正人”的工作，故也适用于思想政治教育。事实上，孔子正是以其“自正”而获得“正人”的效果。

孔子除自己身体力行，以身作则之外，还要求学生言行一致，在行动中落实道德规范的要求。孔子十分重视“听其言而观其行”，主张“言必信，行必果”。如果仅学会夸夸其谈，而不能够身体力行，那么，就不能算真正学到了道德。王阳明以“知行合一”的命题，进一步发展了身体力行的思想政治教育方法，他强调在道德教育中，知而不行就不能算作真正的“知”，只有身体力行，才可能真正达到德育的目的。

二、中国共产党思想政治教育方法的优良传统

重视对党员、干部和非党群众的思想政治教育，勤于和善于做思想政治工作，是中国共产党的一大特色，在任何时候都必须坚持，在现阶段更不能松懈。在建立社会主义市场经济的新时期，我们必须牢牢掌握思想政治教育这个传家宝，继承和发扬党的思想政治教育的优良传统，以便把党的思想政治工作做得更为出色，保证我国的社会主义事业从胜利走向新的胜利。思想政治工作的优良传统是在革命实践过程中逐渐形成的，是革命的优良传统的重要组成部分。具体来说，思想政治工作的优良传统，主要包括紧紧围绕党的中心任务的传统、实事求是的传统、群众路线的传统、平等待人的民主传统、干部以身作则的传统、全党做思想政治工作的传统。

（一）坚持以中国特色社会主义理论体系武装人们的头脑的传统

回顾中国共产党的历程，从长期的革命斗争到社会主义建设，由于中国共产党坚持用马列主义、毛泽东思想武装人们的头脑，启发人们的觉悟，适时地进行思想政治教育，因而能够使广大党员和干部在环境非常严峻和物质条件极端困难的情况下，坚持坚定的共产主义信念和旺盛的革命斗志，使全党在重大的历史转折关头很快取得统一认识，从而把革命和建设事业不断推向前进。在新的历史时期，邓小平同志和中国共产党把马列主义与我国实际相结合，实现了第二次飞跃，创立了邓小平理论。在改革开放和社会主义现代化建设的各个时期，中国共产

党坚持用马列主义、毛泽东思想特别是邓小平理论，武装广大群众特别是党员、干部的头脑，注重理解其精髓，整体把握其实质，不断更新观念，真正解决深层次的问题。正因为有这一理论的武装，中国共产党取得了三次思想解放的伟大成果。注重用党的路线方针政策教育人们，是中国共产党一贯的传统。在中华人民共和国成立初期，中国共产党通过思想教育和宣传鼓动工作，使亿万人民认识到过渡时期的总路线是反映和代表他们利益的，所以广大工人、农民和其他革命群众，真心实意地拥护党的这条总路线，很快取得了社会主义改造的基本胜利。在新的历史条件下，中国共产党更加重视开展习近平新时代中国特色社会主义思想的教育，从而使党的“一个中心、两个基本点”的基本路线深入人心，我们的改革开放和社会主义现代化建设取得了一个又一个的伟大胜利。

中国共产党正在从事伟大的、开创性的事业，只有用中国特色社会主义理论体系武装起来，才能不断取得成功。多年来，我们改革和建设的伟大成就，就是在党的基本理论、基本路线指引下取得的。应该看到，我们的现代化建设是在一种复杂的国际环境中进行的。我们既面临着良好的历史机遇，也面临着严峻的挑战。我们又处在一个继往开来的关键时期，在前进中面临许多复杂的新矛盾、新问题，需要正确处理。我们要继续开拓前进，取得新的胜利，必须进一步提高全党坚持党的基本理论、基本路线的自觉性、坚定性。中国共产党的领导干部特别是高级干部，只有具备较高的马克思主义理论水平，才能够驾驭全局，掌握改革和建设的主动权，抓住机遇加快发展；才能够在变幻的国际形势中保持清醒的头脑，在任何风浪中站稳脚跟。

（二）实事求是传统

实事求是是马列主义、毛泽东思想的精髓，也是邓小平理论的精髓。邓小平同志在南方谈话中指出：“实事求是是马克思主义的精髓。要提倡这个，不要提倡本本。我们改革开放的成功，不是靠本本，而是靠实践，靠实事求是。”回顾中国共产党领导革命与建设的伟大实践，可以清晰地看到，我们每前进一步，都离不开实事求是的思想路线。这是中国共产党在领导中国革命和建设中逐渐形成和发展起来的优良传统和作风。

党的十一届三中全会以来,中国共产党实行实事求是的思想路线,在各个方面使它得到坚持和发展。无论是否定过去应该否定的东西,肯定过去应该肯定的东西,还是提出新的正确的东西,都是坚持解放思想、实事求是的思想路线的结果。党的十一届三中全会以来,各项重大成就的取得,无一不是坚持和发展了实事求是这一优良传统的结果。正是坚持和发扬了实事求是这一优良传统和优良学风,我们才创造了令世人瞩目的大好局面。

(三)平等待人的民主传统

贯彻平等待人的民主原则,采取说服教育的方法,是中国共产党思想政治工作的一贯作风。民主的实质是平等,即全体社会成员都同样享有政治上的平等权利,任何人都不得搞特殊,既不允许有特权,也不允许应有的权利受到侵犯。社会主义社会在政治上的根本标志就是社会主义民主。毛泽东同志曾指出:“许多人觉得,提出采用民主方法解决人民内部矛盾的问题,是一个新的问题。事实并不是这样。马克思主义者认为无产阶级的事业只能依靠人民群众,中国共产党人在劳动人民中间进行工作的时候必须采取民主的说服教育的方法,决不允许采取命令主义态度和强制手段。中国共产党忠实地遵守马克思列宁主义的这个原则。”

周恩来总理就是平等待人的光辉典范之一。他平易近人,密切联系群众,随时随地注意听取不同意见。他在与各界人士的广泛交往中处处谦虚谨慎、平等待人,从不以领导者自居。凡是和他接触过的同志都深深体会到:他虽身为国务院总理,但虚怀若谷,平等待人,善于启发和倾听不同的意见,对身边的同志也是不论职位高低,总是以平等态度鼓励他们提意见、谈看法。周恩来同志指出:“要平等待人,才是好勤务员,才不是官僚主义者。”有人曾深情地说:“在许多年的交往中,使我敬佩不已的是他既给人以教益,却从来不自居人师。他思想极为敏捷,但从不锋芒毕露。我从来没有听到他对党外朋友指手画脚,说你该干什么。即使对方一时想不通,他也不强加于人,而是耐心地不断做团结教育工作。他所凭借的坚定的信念、明澈的思想、宽阔的胸怀、巧妙的论断和自己的模范行动，使人在不知不觉中为之折服。”

（四）围绕党的中心任务进行思想政治教育的传统

思想政治工作是党的整个工作的一个重要组成部分。从总体上说，它必须围绕党的中心任务去进行，同时又必须同各条战线的具体任务相结合。中国共产党曾明确指出：“政治工作的任务，只能根据我军基本任务与当前具体任务去规定，不能在我军基本任务与当前具体任务以外再有什么政治工作的独立任务。”因为党在一定时期的中心任务，是全党全国的大局，作为党的工作一部分的思想政治工作，如同党的其他工作一样，都应服从与服务于这个大局。这是正确处理局部和全局关系的重要原则。在过去的时间里，中国共产党的思想政治工作取得很大成功，在全国人民中有着很高的威信，就是因为它把自己的全部工作、全部精力，都用在为实现中国共产党的总路线、总任务上，用在宣传和组织人民群众、获取胜利、建立人民的中华人民共和国这个伟大事业上。

在不同的历史时期和历史阶段，中国共产党的建设的具体目标、方针，具体的工作内容是不同的。这是因为，中国共产党在不同的历史时期和历史阶段的中心任务是不相同的，总是实现和完成了一个中心任务，又提出一个新的中心任务。实现党的总目标、最高纲领是一个漫长的过程，一个又一个中心任务包含在这个不断发展变化的过程中。党的思想政治教育不应该脱离党的中心任务来进行。例如，改革开放时期，解放思想、实事求是、建设社会主义现代化强国被作为新的时期“中心任务”提出来。中国共产党要求各级党组织和广大共产党员，认识把实践作为检验真理标准的理论意义和实践意义，认识坚持实事求是的思想路线的重要性，认识坚持以经济建设为中心、坚持四项基本原则、坚持改革开放的迫切性。在这个既定的政治路线指引下，进行党的思想建设、组织建设和作风建设，以保证党的中心任务的顺利推进。现在，国民经济和社会发展第十四个五年规划和2035年远景目标是一个新的宏伟目标，也是新的中心任务。在这种形势下，党的思想政治教育又具有了新的目标、新的工作方针与新的工作内容。党的思想建设、组织建设和作风建设都必须围绕坚持稳中求进工作总基调，坚持新发展理念，坚定不移推进改革开放目标来进行。在思想上，全体党员和各级党组织都必须贯彻习近平新时代中国特色社会主义思想，不断开拓马列主义理论发展的新境界，把发展作为党执政兴国的第一要务，最广泛、最充分地调动一切积极因素等等。用党的十九大报告中提出的一系列重要思想、观点统一全党的思想是党的思想建设工作的基本内容，为实现第十四个五年规划，也要求全党在组织上、作风上与之相适应。总之，党的思想政治教育要围绕党的中心任务展开，而离开党的中心任务来讲党的建设，必然是空洞的、不切实际的。

（五）以身作则的传统

要求党员干部以身作则，带领群众前进，是中国共产党思想政治工作的一个优良传统。在改革开放新的历史时期，邓小平同志提出了做好工作最重要的条件，就是教育者要以身作则。他指出，思想政治工作“要做得有针对性、细致深入和为群众所乐于接受。最重要的条件，就是凡是需要动员群众做的，每个党员，特别是担负领导职务的党员，必须首先从自己做起”。

党的十一届三中全会以后，邓小平同志提出“以身作则，率先垂范”的要求，这说明以身作则对于推进改革开放、加速经济建设，有着重要的现实意义。

2017年4月16日，中共中央总书记、国家主席、中央军委主席习近平作出重要指示强调，在全党开展“两学一做”学习教育，取得了显著成效。实践证明，“两学一做”学习教育是推进思想建党、组织建党、制度治党的有力抓手，是全面从严治党的基础性工程，要坚持不懈抓下去。要把思想政治建设摆在首位，坚持用党章党规规范党员、干部言行，用党的创新理论武装全党，引导全体党员做合格党员。要抓住“关键少数”，抓实基层支部，坚持问题导向，发挥先进典型示范作用。要落实各级党委（党组）主体责任，落实好“两学一做”学习教育常态化制度化各项举措，保证党的组织履行职能、发挥核心作用，保证领导干部忠诚干净担当、发挥表率作用，保证广大党员以身作则、发挥先锋模范作用，为统筹推进“五位一体”总体布局和协调推进“四个全面”战略布局提供坚强组织保证。

总之，思想政治工作的干部以身作则优良传统，在各个历史时期都是紧紧围绕当时党的中心任务而展开的。随着中国共产党的发展成熟，其理论日趋完善。这一优良传统植根于中国共产党的实践活动，同时这一优良传统的日益成熟亦对中国共产党各级各层的党员干部的活动提出要求并给予指导。坚持干部以身作则的优良传统有利于巩固中国共产党的党群关系，扩大党的群众基础，从而带领人民一起为建设社会主义现代化国家而努力奋斗。

（六）群众路线的传统

中国共产党明确指出，党的任务是为中国广大人民的利益而斗争，进行活动要联系群众、发动群众、开展群众运动。1927年，毛泽东同志明确提出了相信群众、依靠群众、放手发动群众、尊重群众首创精神的思想。这一思想为中国共产党的群众路线的形成奠定了思想理论基础。

党历来把群众路线视为党的生命线。坚持群众路线是中国共产党践行宗旨的具体体现，密切联系群众是中国共产党的最大政治优势。习近平更是在这方面作出了突出贡献。他从思想、作风和道德层面厚植群众路线的本原基础，拓展深化了群众路线的思想内容，创新了群众路线的实践路径，在新时代丰富和发展了党的群众路线。对夯实党执政的群众基础、凝聚民心民智、激励全国人民在党的领导下同心协力实现伟大复兴梦想具有重要的意义。如2013年在全党深入开展以“为民务实清廉”为主要内容的党的群众路线教育实践活动，着力整治形式主义、官僚主义、享乐主义、奢靡之风问题，使广大党员普遍受到一次马克思主义群众观点和党的群众路线教育；2014年在县处级以上领导干部中开展“三严三实”专题教育，坚定理想信念，增强宗旨意识；2016年面向全体党员开展“两学一做”学习教育，进一步坚定理想信念，践行党的宗旨，言行合一做合格党员；2019—2020年，以县处级以上领导干部为重点，在全党自上而下分两批开展“不忘初心、牢记使命”主题教育，增强了各级党组织和广大党员干部守初心、担使命的思想自觉和行动自觉；2021年中共中央印发《关于在全党开展党史学习教育的通知》，用党的百年奋斗成就鼓舞斗志，用党的光荣传统和优良作风坚定信念，用党的实践经验砥砺品格。

加强与改进思想政治工作要坚持走群众路线，是由中国共产党的根本宗旨决定的。党的群众观点是人民群众是历史创造者观点的自然升华。党的群众路线是一切为了群众、一切依靠群众，从群众中来，到群众中去，人民群众的利益高于一切。建设中国特色的社会主义理论，归根到底是根据最广大人民群众的利益和愿望。

（七）全党动手做好思想政治工作，齐抓共管的传统

"思想政治工作，各个部门都要负责任。共产党应该管，青年团应该管，政府部门应该管，学校的校长教师更应该管。"在中国共产党的历史上，思想政治工作从来都是全党的事情。在党委统一领导下，齐抓共管，各部门密切协作，专业队伍与群众队伍紧密配合，构建了一个纵横交错的思想政治工作网络，群策群力，把群众的思想政治工作做得有声有色，从而形成了中国共产党做好思想政治工作的优良传统。

齐抓共管是中国共产党在思想政治工作中经常强调的一个问题。齐抓共管不仅是开展思想政治工作的一种方式，在新的形势要求下，它已经成为高校德育体制中思想政治工作管理体系中的一项目标保证系统。

第一，齐抓共管体现了唯物辩证法关于系统和过程的原理。唯物辩证法认为，在普遍联系的物质世界中，每一具体事物都是作为系统而存在的，具有相对独立性；作为永恒发展的物质世界，则是无数个有限的具体过程的集合体。在高校这样一个集体中，就德育体制中思想政治工作体系而言，每个部门、每个人都是相对独立的，它们都存在于互相联系和互相影响的思想政治工作的体系中，其意识与行为贯穿于思想政治工作的全过程。思想政治工作这个体系的运行，要靠贯穿于德育全过程的每个相对独立的小系统，即每个部门、每个人来发挥作用、提供保证。因此，齐抓共管成为思想政治工作体系中一项不可缺少的必要的目标保证系统。在思想政治工作的总要求下，既要肯定思想政治工作主管部门或个人具有不可推卸的责任，又要充分看到其他行政部门、业务部门和这些部门的个人都承担着义不容辞的任务。只有从唯物辩证法角度，用系统的、联系的观点来准确地把握齐抓共管，才能克服认识方法上的片面性。

第二，齐抓共管体现了历史唯物主义的群众观点。相信群众、依靠群众、走群众路线是马克思历史唯物主义的基本要求。在思想政治工作中，同样需要坚持群众路线。一是做工作，要从群众的要求出发；二是在工作中，必须依靠群众。齐抓共管正是以这两点为基础，鲜明地体现了思想政治工作的群众观点。从方法上看，是变几个主管部门为多个部门，党、政、工、青共同做；从要求看，是变依赖少数专职人员为依靠全体人员，建立起一支专兼结合的德育队伍。在实践上，经过各级党组织的努力工作，在思想政治工作齐抓共管中，已经形成比较健全的组织机构，建立起一支专兼职思想政治工作的队伍，制定一整套规章制度。实践表明，真正做到了齐抓共管，思想政治工作就得到了加强与发展，忽视齐抓共管，思想政治工作就处于消极、被动局面。因此，中共中央在《关于进一步加强和改进学校德育工作的若干意见》中明确指出："在党委（总支、支部）的统一部署下，学校都要建立和完善校长及行政系统为主的德育管理体制。"这也就是要改变过去书记抓思想、校长抓业务的错误倾向，把思想政治工作纳入学校行政系统，做到齐抓共管，建成党、政、工、团各司其职、功能互补、齐抓共管的德育管理体制。只有这样，才会有力地推动学校思想政治工作的开展。

三、国外大学生思想政治教育的方法及对我国开展思想政治工作的启示

当今世界，随着科技迅猛发展和现代化程度的扩大和深化，人们的思维方式、价值观念和道德行为发生了深刻的变化。许多国家为了使国民适应现代社会，尤其是未来社会发展的要求，都非常重视思想政治教育。不同国家从本国的社会历史条件和国情出发，采取了不同的思想政治教育方法，呈现出丰富多彩的面貌。研究资本主义国家在市场经济条件下进行思想政治教育的经验和教训，借鉴其成功经验，对做好我国社会主义市场经济条件下的思想政治教育工作是完全必要的。

（一）地位显著，内容丰富

国外思想政治教育的地位被摆到意识形态的高度去认识，其突出的政治功能日益受到政府的高度重视，促使一些政府采用很多措施加强思想政治教育。

1. 政府高度重视

思想政治教育的社会功能和经济效益越来越明显，因而在国外日益受到重视。从国外思想政治教育的发展历史看，大都经历了一个经济发展—道德滑坡—道德回归—经济再发展的过程。由于不重视思想政治教育而影响到国家政治、经济发展目标的实现，这样的教训在美、日、英、法等发达国家都有过。1994年4月，克林顿政府颁布了《2000年目标：美国教育法》，并强调“要恢复美国的国际竞争力，必须从培养人才开始，学校必须进行品格教育，必须把美国儿童培养为好公民”。在《2000年目标：美国教育法》中，要求美国学生掌握的核心课程是英语、数学、自然科学、历史和地理。新加坡在建国初期实行了“英才政策”，即重视培养职业技术人员，强调物质利益和经济进步，而对道德标准只做了软性规定，结果培养出来的学生让政府大失所望。当国家经济一度遇到困难时，大批人才外流。这不能不促使政府重新制定教育规划，并认为应该从效忠国家、社会责任和个人品德三方面对青少年进行全面的德育教育。数年的实践收效明显，大量的社会精英在爱国主义的旗帜下，共同致力于新加坡的经济建设。可见，无论是西方还是东方的资本主义国家，都不敢藐视思想政治教育的作用，都把思想政治教育提高到战略地位上，并且看到了它所拥有的巨大潜能及大好前景。

2. 强化意识形态功能

国外是在“公民权利和义务教育”“国民精神教育”“道德教育”等旗帜下进行思想政治教育的。在当代，意识形态的存在形式和内容确实发生了一定的变化。“冷战”结束后，不同制度的国家之间广泛地开展了经济、科技、文化方面的交流。在这些交流中，有相互的渗透甚至某种融合，但其中的对抗不但始终没有停止过，而且范围还扩大了。“和平演变”战略从来没有被放弃过。意识形态的差异、分歧甚至对抗，必然造成思想政治教育的“意识形态化”。西方发达国家的思想政治教育并非像一些人认为的那样，“仅仅是一门思想和心理沟通的艺术，其意识形态理念已经淡化甚至被消除”，在他们的思想政治教育中，始终贯穿着凝聚人心、巩固政权、化解矛盾、稳定社会的政治功能。

3.突出政治功能

思想政治教育的政治功能,简单地说就是凝聚人心、巩固政权、化解矛盾、稳定社会。这个功能,在当代世界各国的思想政治教育中正在被有意识地加强,其主要的实现方式就是加强爱国主义教育。西方国家充分认识到,只有爱国主义才能团结凝聚人民,才能在各种利益冲突中寻找到最佳结合点。所以,加强爱国主义教育就不约而同地成为当代世界各国的思想教育的主旋律。各个学校的思想政治教育,虽然没有统一的大纲,但都没有放松爱国主义教育。

(二)途径广阔,方法灵活

国外对思想政治教育的重视,还表现在途径广阔、方法灵活。他们力争使思想政治教育遍及各个领域,收到实际效果。

1.学校德育

英国、法国、新加坡、日本等国都专门设置了德育课。英国中学的德育教材是《生命线》,很有特点。如教材上有这样一些问题:有人纵火会发生什么?一个男孩请他喜欢的女孩看电影,该由谁付款?为什么?让学生讨论,学会作判断。目标是让学生学会关心和发展深思熟虑的生活方式。日本的道德课教学方法也是多样化的,如讲解、讨论、看录像、演剧、唱歌、辩论等,不拘一格、活泼有趣。道德课的评估不打分,而是对学生的有关认识特点和行为倾向进行分析。在美国,虽没有专设道德课,但包含了许多德育课程的科目。而且,美国很注意在专业教学中渗透德育,学生学习任何一门专业课都要回答三个问题:这个领域的历史和传统是什么?它所涉及的社会和经济问题是什么?要面对哪些伦理和道德问题?这种方式可以激发学生去思考与专业有关的社会伦理问题,有利于德育目标的实现。以上这些做法都值得我国学习。

2.社会性思想政治教育

(1)政党与政治活动

政党是美国思想政治教育的主要角色之一。两党竞选往往被看成一场政治事件,但从普及和宣传资产阶级的政治、经济、社会主张和价值观念等方面来看,又是很有实效的。这种政治活动给美国公民上了一堂关于美国价值观念的政治课。

（2）家庭教育

新加坡视家庭价值为社会生存发展的核心观念，所以对于家庭教育格外关注。政府通过立法、政策导向来维护家庭的完整，取得的效果非常明显，是对学校教育很好的补充和深化。日本的家庭教育占有很重要的地位，日本通过建立家长教师协会等组织来促进学校和家长的沟通和配合。

（3）大众传播媒介

大众传媒在美国、英国、日本等发达国家都是思想政治教育的有力工具和重要途径。政府通过电视、报纸、电影、书籍等媒介宣传官方的政治道德信息，去影响公民的政治倾向、价值取向和生活方式等方面。目前，电影、广播、电脑网络、高保真唱片等技术已被国外学校广泛运用于各类教学，包括德育教学。教学手段的现代化提高了教学效果，也有益于提高学生的道德知识水平。

（三）对我国开展思想政治教育工作的启示

虽然存在意识形态的差别，但是从一定意义上讲，国外思想政治教育工作对我们现在进行大学生思想政治教育方法创新，有着相当重要的指导意义。

1. 借鉴别国经验，重视思想政治教育效益

重视思想政治教育的国际化趋势提醒我们，务必要把思想政治教育提高到战略地位上来。西方发达国家曾因片面追求高科技而忽视青年人的人格教育，造成公民道德败坏、家庭崩溃等社会问题，现在各国已采用不同的方式和途径来提高思想政治教育的效益。我国必须借鉴别国成功的经验，汲取其教训，加强对社会成员特别是对年青一代的思想政治教育，并注重对教育效益的研究。这方面我们可以学习发达国家的做法，由政府拨专款资助研究工作的进行。

2. 坚持“意识形态化”，把握思想政治教育的正确导向

各个国家都在旗帜鲜明地宣扬本国占统治地位的意识形态。美、英、法、德、日都在宣传资本主义如何优越，新加坡、韩国则一方面毫不含糊地宣传自己的资产阶级民主建国理念，一方面又抵制“西方”思想的侵蚀。所以政府性是思想政治教育题中应有之义，我们绝不能忽视。

3.将学校德育重点转移到发展道德思维和培养道德能力上来

学校德育的任务是向学生灌输社会的主导思想意识和规范学生的道德行为。以往,我国的学校德育特别注重观念的灌输,在方法手段上缺乏灵活性,学生的道德思维得不到培养和发展。我们应该借鉴国外学校德育的方法,把教育对象置于一定的认识情境,帮助他们掌握认识问题的方法,提高处理问题和矛盾的能力,要引导他们形成正确的立场、观点、方法,固定其思想的基本思维模式,达到使他们独立自主地判断问题和解决问题的目的。道德观念的建立到道德行为的形成是一个长期、反复的过程,只有重视发展受教育者的道德思维、培养道德实践能力,才能保证受教育者真正具备较高的道德素质。

4.加强社会大环境和其他方式的配合

国外非常重视社会性的思想政治教育,因为思想教育对象生活在现实之中,每时每刻无不受周围环境的影响。我们也必须搞“大政工”的观念,调动一切因素、手段,包括家庭、学校、社会团体和大众传媒,注重营造思想政治工作的氛围,保持思想政治教育强烈的渗透性和持久性,使人们在良好的大小氛围中经受精神的洗礼,提高思想境界。而良好的社会大环境的形成又要靠公民的自觉性、社会良好的控制手段、专业人员的良好素质,以及全社会成员的共同努力来实现。

5.必须始终不渝地坚持灌输原则

灌输理论是马克思主义思想政治教育理论的重要组成部分,灌输是思想政治工作的基本原则和本质所在。灌输理论实质上是一种关于无产阶级革命理论与革命实践关系的理性认识,是一种政治教育的理念与原则。它是指无产阶级政党必须运用马克思主义的立场、观点和方法,有目的、有组织地对人民群众进行系统的思想理论等意识形态的教育宣传,使之提高觉悟、坚定政治立场、树立政治信仰、保持正确的政治方向。灌输并不等于“满堂灌”,必须研究教育主体与客体间的关系、研究主体的接受机制和规律、研究教育的环境、研究教育的实效性等一系列问题。结合世界各国坚持灌输的经验,我们的思想政治教育要毫不动摇地灌输,理直气壮地灌输。关键是“灌输什么,如何灌输”。在新的形势下，必须“创新灌输方法、拓展灌输空间、讲求灌输效果”，即从硬性灌输向软性灌输转换，从统一灌输向分层灌输转变，达到春雨润物细无声的境界。

第三节 高校思想政治教育工作的方法创新策略

一、理论灌输法

灌输的方法是列宁提出的。从政治教育的目的和任务来看，灌输是原则。政治教育的目的“是要解决人们的立场、观点和政治信念问题”，也就是要提高人们的思想觉悟，提高人们的认识能力。要达到这个目的，最有效、最根本的办法就是用共产主义思想来武装人们的头脑。这是因为共产主义思想是指导我国革命和建设最先进、最科学的思想体系，掌握了这个思想体系，也就有了无产阶级科学的世界观，也就能够使教育者透过纷繁复杂的社会现象，正确认识和把握客观世界的变化规律，从而有效地改造客观世界。但是共产主义的思想体系是永远不可能在群众中自发产生的，因为它是由中国历代领袖集团在吸收和改造全人类思想、文化等一切有价值的东西基础上，在工人运动的实践中创造出来的，工人群众只能为它的产生创造必要的条件。所以要让群众掌握它，就必须做“从外面灌输进去”的工作，这正是政治教育的根本任务之一。由此可见，灌输是政治教育中一个必须遵循的原则。

在新的形势下，我们必须注意灌输方法的改进，克服在方法运用过程中易走极端的现象。为此要着重处理好以下几个关系①。

第一，主体与客体的关系。政治教育主客体的关系，就是教育者与被教育者的关系。与人和自然的主客体关系不同的是，它的双方均是人。在教育过程中，教育者对受教育者而言，是施教的主体，具有能动性、诱导性，但他的能动性要受对象（客体）的认识能力、理解水平和学习进程的制约。反过来，作为受教育者，把教育者作为认识对象，又表现出极大的主体能动性，他要感知、想象、体验和理解，他要调动自己全

①王欢．新时代高校思想政治教育内容创新研究[J]．长春师范大学学报，2020，39(11)：13-17.

部心理机能去学习思考。因此，作为教育者和受教育者，都不是单纯的主体和单纯的客体，他们作为客体时，也不像物体那样任其主体改变和留下实践的痕迹，而是主体化的客体和客体化的主体。弄清政治教育主客体关系问题，对于我们正确运用灌输的方法，具有重要的指导意义。

第二，灌输与疏导的关系。疏导是政治教育的总方针，疏导中包含了灌输的思想。所谓疏，就是要广开言路，让大家敞开思想，把各自的观点和意见充分发表出来。所谓导，就是把各种不同的思想和议论引向正确、健康的轨道。以往，我们在运用灌输方法时，曾把灌输与疏导方针对立起来，把疏与导割裂开来，其结果不仅破坏了灌输的声誉，而且使疏导变成了疏而不导，成了放任自流。因此，我们必须纠正灌输与疏导对立的观点，使人们在各种错误观点面前始终保持清醒的头脑。

第三，思想性与娱乐性的关系。寓教于乐，是政治教育的一个重要方法，其显著特点就是易接受性。因此，我们在运用灌输的方法时，要注重与娱乐性的方法相结合，这对于提高政治教育的效果是非常有益的。但是，这种结合必须是辩证的结合，是以教为目的的结合。要克服片面强调娱乐性、生动性，而忽视政治教育的原则性、目的性等有乐无教的现象。

第四，灌输教育与自我教育的关系。弄清和正确处理好灌输教育与自我教育的关系，是我们做好灌输工作的关键。二者的关系是：第一，灌输教育是自我教育的前提和必要条件，没有灌输，自我教育便不能发生和进行。第二，自我教育是灌输得以实现的基础和途径，没有自我教育的过程，教育目的则难以实现，因为灌输的内容必须通过被教育者的自我教育，才能真正被认识、接受和内化。灌输教育与自我教育相辅相成、互相促进，正确的灌输有助于自我教育能力的提高；反过来，教育对象会更主动地接受灌输，两者的最终目的是一致的。我们既不能夸大和贬低灌输教育的作用，也不能视自我教育为“万能教育”或“无能教育”，任何片面强调一方，弱化另一方的做法，都是不科学的。

总之，在思想政治工作面临新环境、新任务、新问题的今天，灌输的原则和方法并没有过时，关键在于我们要准确地领会和理解灌输的含义，并使之正确地运用于我们的工作实践。笔者相信，随着国家改革开放的进一步深入，随着思想政治教育的不断加强和改进，灌输的原则和方法会得到进一步的发展和完善，在政治教育过程中起到越来越重要的作用。

二、行为调节法

从人类社会最初开始，人际交往就担负着人的行为调节和满足人们心理接触需要的作用，它在团体活动中具有不可缺少的行为调节效应。高校学生应有意识地调节自己的行为，使自己的行为更有利于集体的稳定团结，更有利于整体目标的实现，从而使人际关系起到协调行为的效应。

（一）行为调节法应遵循的原则

1. 互容性原则

每个人都希望别人承认自己的价值，希望别人能够接纳自己、喜欢自己。然而，和谐的人际关系是建立在相互重视和相互支持基础上的。要想让别人接纳自己，首先你得接纳别人。一个人只有善待别人、喜欢别人，才能被别人接纳。

2. 交互原则

交互原则所强调的是人际行为方向的相互对应。在日常生活中，人与人之间的交往更多的时候都不仅需要倾向的相互一致，而且还需要保持对等的交换。人是理性的动物，每个人都有一定的价值观，并按照这种价值观来决定自己的取舍。因此，人在同周围世界发生联系的时候，总保持着自己特有的得失观念。对于那些对自己来说是值得联系的，意识就倾向于保持；而对于那些对自己来说不值得联系的，意识就倾向于回避。

3. 群体价值保护原则

价值保护，是指人为了保护自我价值，心理活动的各方面都有一种防止自我价值遭到否定的自我支持倾向。在人际关系方面，人际交往中的接纳和拒绝都是相互的。人们只接纳那些喜欢自己、支持自己的人，而对于否定自己的人则倾向于排斥。这里同样可以看到明显的自我价值保护倾向。心理学家发现，一旦我们在交往中威胁别人的自我价值感，那就会激起别人强烈的自我价值保护动机，在此情况下，我们就很难和别人建立和维护良好的人际关系。大学生思想活跃、语言犀利，容易威胁别人的自我价值感，所以言行一定要慎重，自觉维护他人和群体的价值保护意识。

（二）行为调节的方法

1. 学会与别人友好相处

要做到与别人友好相处，在日常生活中应关心别人、理解别人、宽容待人，尽量避免与别人进行无价值、无意义的争论。在学习和生活中应尊重别人的意见，避免直接指责，因为当一个人的自我价值面临威胁时，将表现出强烈的自我辩护倾向，从而使交往陷入危机。另外，自己有错误时要敢于承认，这样非常有利于人际关系的改善。

2. 克服人际交往中的心理障碍

大学生在人际交往过程中常表现出一些心理障碍，妨碍了良好人际关系的建立。这些心理障碍主要是恐惧心理、自卑心理、封闭心理、自傲心理等。

3. 关心他人，替别人着想

这是一个高尚的人所应有的道德水准。如果能做到多关心他人，多替别人着想，那么别人也自然就会喜欢你、欢迎你，把你当作好朋友。反之，若事事处处只想着自己，唯利是图，甚至不惜为了自己的利益去伤害别人，那人们自然也就要讨厌你了。

三、情感沟通法

高等学校思想政治教育工作，要增强教育的吸引力和说服力，使广大师生乐于接受，需要在内容、形式、方法、手段、机制等方面进行创新和改进。其中很重要的一点，就是教育者要加强与广大师生的情感沟通，实现思想上的共鸣。

沟通与师生的情感，重要的一条就是教育者首先要树立言行一致的良好形象。中国共产党的一句“为人民服务”，就足以唤起千百万人民的革命热情和献身精神。其中根本的原因，不是政治工作者多么能言善辩，而在于他们以为人民的利益不怕牺牲一切的模范行动，塑造了共产党人全心全意为人民服务的光辉形象。在新的历史条件下，思想政治工作要研究新情况、解决新问题、开创新局面。政工人员必须以中国特色社会主义理论体系为指导，切实把人民的利益、师生的利益摆在第一位，牢固树立服务意识，在荣与辱、苦与乐、利与义等一系列人生得失的抉择中，向党和人民，以及你所服务的对象交出合格的答卷。

沟通与师生的情感，必须把“对上负责”与“对下负责”一致起来，时刻不忘代表广大师生的根本利益。做好当代思想政治工作很重要的一个问题，是要求各级教育工作者正确处理“对上”与“对下”的关系，把对上负责与对下负责统一起来，把对领导负责与对广大师生负责统一起来。一定要深入基层、深入实际，了解真实情况，实事求是地反映广大师生的意见、建议和呼声。这样，才能准确掌握下情，从广大师生中获得真实的信息，为制定各项决策提供可靠的依据，从而保证决策的准确性和科学性；这样，才能体现思想政治工作者的良好品格和高尚的职业道德；这样，才能提高思想政治工作的效果，赢得广大师生的信赖。

沟通与师生的情感，还必须既讲“义”又讲“利”，正确处理好二者的关系。人总是要有点精神的。讲“义”就是讲“大道理”，对师生进行革命理论和科学知识的灌输，引导师生识大体、顾大局，不断增强革命的事业心和责任感，积极鼓励为国家建设勇于奉献等等，这是思想政治工作的重要内容，也是与师生情感沟通的根本前提。存在决定意识，精神源于物质。提高思想政治觉悟，不能离开广大师生的切身利益，应当帮助大家正确认识自己的利益，以便更好地激励大家努力进取。作为思想政治工作者，在鼓励师生努力工作、积极贡献的同时，还必须积极为基层、为广大师生排忧解难，解决实际问题。这样，多了一些实事求是、从实际出发，少了一些脱离实际、以空对空，思想政治教育就进入到了师生现实思想、工作和生活之中。

思想政治教育要贯彻以人为本的思想，因为人是有思想感情的，思想政治教育应把关心人和关心事结合起来，主动关心高校学生的学习和生活，深入了解他们的困难，关心他们的冷暖。同时，思想政治教育者还应重视感情的投入，用真实的情感、诚恳和热情的态度去凝聚人，调动大学生的积极因素，变“说教式”“号召式”为“引导式”“激发式”，以增强思想政治教育的吸引力。

四、榜样激励法

榜样可以是正面的，也可能是反面的；可以是显性的，也可能是隐性的。榜样有一般的，还有特殊的；有自然的，也有人为的。正面反面，指的是好的和坏的。显性的指的是明显的、人所共知的；隐性的则是不明显的、鲜为人知的，这种榜样，在某种情况下，可能更起作用。而一般的榜样，指的是对广大群众都适用的，人们都要学习的；而特殊的榜样，则指的是特殊领域里，特殊的人或事。自然的榜样，指的是在群众活动中自然形成的先进典型、模范人物。人为的榜样，指的是领导或教师人为地树立起来的榜样。这种榜样往往不起作用，甚至起副作用。

榜样的特点在于形象性和易模仿性。榜样总是以生动鲜明的形象体现着某种思想观念、行为准则、理想品德，富有感染性、激励性；同时又是直观的、具体的，具有可学性或易模仿性的，而容易被人们接受、效仿。失去了形象性和易模仿性，也就没有了榜样。

榜样的作用，从心理学的角度看，就是易于形成相关事物的表象。而表象乃是事物的形象在人脑中的反映。它是直观向抽象过渡的桥梁，是感性向理性发展的中介，是认识向实践转化的转化点或催化剂。榜样的力量之所以是巨大的、无穷的，原因就在于此。人们在进行思想观念、道德品质或行为规范等教育时，提供相应的榜样，在学习者头脑中形成相关的表象，也就为学习者接受理性教育架设了桥梁、提供了中介，同时也为学习者认识转化为实践提供了催化剂。

榜样激励是一种行之有效的教育方法。它通过榜样的示范来规范、引导学生的行为，激励学生奋发向上，在班集体中形成合力，以达到预期的教育效果。在运用这种方法时，应注意以下几个方面的问题。

第一，要注意学生的比较心理。在没有明确的规章制度或规章制度不健全的情况下，人们就会拿周围的人作比较，以他们的行为作为尺度来衡量自己的行为。这就是比较心理。与此同时，还应注意：一是多树立几个榜样，让学生在德、智、体、美、劳各方面都有学习的榜样；二是不要搞“高大全”式的榜样，人为地拔高、过分地美化只会削弱榜样的激励作用；三是要随着学生的成长更新榜样，促使学生不断进步。

第二，要充分利用学生的向上动机。每个学生都有一种或强或弱的向上性动机，他们总是乐意向自己敬佩的人学习。教师要善于“因其势而利导之”，把他们的这种动机引导到正确的道路上，让他们向先进人物学习、向正确的榜样学习。教师只有在肯定学生求真向善本质的前提下，充分利用其向上的动机，帮助学生树立正确榜样，才能使榜样激励的方法起到正面的积极作用。

第三，要注意满足学生的合理需要。不论是一般学生，还是作为榜样的学生，他们奋发向上就是为了满足个体发展中的各种需要。对于一般的学生，教师容易注意满足他们的各种合理需要；而对作为榜样的学生，教师则容易忽视这个问题，把他们当作自己手中的“木偶”，人为地控制、调整他们的需要，使其达到某种理想境界。这其实是违背心理发展规律的，有时甚至是有害的。当然，学生与学生之间存在着个别差异，他们的需要也是多种多样的，有着不同的层次、内容。这就要求教师在满足需要时因地制宜、因人而异，万不可千篇一律、无的放矢。

第四，要注意处理好榜样学生与一般学生之间的关系。事物总是处在不断的发展变化之中的，同样，榜样也不是固定不变的。榜样学生与一般学生既对立又统一，在一定条件下可以互相转化。如果榜样学生不能不断奋发向上，就会转化为一般学生；而一般学生只要刻苦努力，向榜样学习，最终超过榜样，那么他也就成为其他学生的榜样了。这个道理很简单，但是在教育实际中，有些教师却不明此理，不管情况发生了怎样的变化，榜样永远是榜样。人为地将榜样与其他人之间划一条不可逾越的鸿沟，往往削弱了榜样的激励作用。所以在运用榜样激励时要鼓励学生“学习榜样，成为榜样”，这样，学生才会感到“有奔头”。

总之，教师在运用榜样激励这一教育方法时，只有注意研究学生心理、把握学生特点，做到有的放矢，才能收到卓有成效的教育效果。

五、自我教育法

当代大学生的自我教育，就是指在教师（包括辅导员、班主任）的启发和引导下，学生按照一定的社会要求和学校的规章制度，通过自身内在的思想矛盾运动，自觉接受外界的积极影响、克服外界消极影响，主动进行思想政治道德认识转化和行为控制，以培养自己良好的思想政治品德。自我教育的实质就是充分发挥学生在思想政治教育过程中的主体作用，自觉地对自己的思想政治道德进行自我认识、自我控制和自我矫正，不断地提高自己的思想政治道德水平。自我教育在当代大学生的思想教育过程中具有十分重要的作用，是提高学生思想政治水平和道德品质的有效途径。

自我教育的方法较多，而常用的方法主要有以下四种：

第一，心得体会法。就是指学生通过记录心得体会，使自己在自我教育中不断提高思想品德和情操的方法。具体来说，就是教师要经常引导、督促学生养成记日记、写学习收获、谈学习体会等良好的学习思考习惯，使自己在自我学习、自我思考中实现自我教育和自我提高，从而达到思想认识能力和自我约束能力的不断升华。

第二，思想小结法。就是通过思想小结，使学生正确认识和教育自己，正确选择自己努力的方向和目标。要使学生搞好思想小结，教师要深入学生实际，经常引导和要求学生适时进行思想小结，并教给学生进行思想小结的正确方法，使他们在思想小结中，既明确自己的优缺点和努力的方向目标，又不断提高自己的思想认识能力、政治理论水平和文字写作水平。

第三，自我鉴定法。就是学生通过一段时间的学习、生活、工作，在回顾总结的基础上写好自己的鉴定来实现自我教育的方法。这种方法要求教师根据学生学习、生活、工作的实际情况，适时引导学生实事求是、一分为二地写出能够正确反映本人的学习、生活和工作表现的自我鉴定，使他们通过自我鉴定和自我总结来教育自己。

第四，理论研究法。就是通过政治、道德理论的研究，使学生的政治理论水平和思想道德品质得到自我提高的方法。在采用这种方法时，教师要注意激发和引导学生研究的兴趣和热情，研究的内容要具有针对性，采用的形式要丰富多彩。

六、问题解决法

解决思想问题与解决实际问题相结合是中国共产党的思想方法和工作方法。在加强和改进大学生思想政治教育中，我们同样要把加强思想政治教育与解决实际问题结合起来。只有这样，才能提高思想政治教育的针对性、实效性和吸引力、说服力、感染力。

思想政治教育归根到底是做人的工作，必须坚持以人为本。既要坚持教育人、引导人、鼓舞人、鞭策人，又要做到尊重人、理解人、关心人、帮助人。当代大学生在成长过程中难免会遇到一些思想问题，在生活中也会面临很多实际问题，而这些实际问题往往是他们思想问题的根源。因此，他们遇到的一些具体思想问题，既需要通过提高认识来解决，也需要通过解决他们所遇到的一些具体困难和问题来解决。对大学生进行思想政治教育，既要摆事实、讲道理，以理服人，不断提高他们的思想认识和精神境界，又要关心人、办实事，以情感人，帮助大学生处理好成长过程中学习成才、择业交友、健康生活等方面的具体问题。切实将思想政治教育渗透到多为大学生做实事、做好事的过程中，在办实事中贯穿思想教育，通过解决实际问题引导大学生提高思想境界。

要进一步做好贫困家庭大学生资助工作，帮助他们顺利完成学业。目前，高校有一定数量的贫困家庭学生急需帮助。做好这项工作，不让一个大学生因家庭经济困难而辍学，不仅是经济问题，也是政治问题，体现了社会公正、教育公平，体现了社会主义制度的优越性，体现了党和政府的关怀。要认真落实国家关于解决高校贫困家庭学生困难问题的相关政策和各项措施，政府、高校要为贫困家庭大学生勤工助学创造条件。要在全体学生中加强艰苦奋斗、自立自强、勤俭节约教育，在资助贫困家庭学生时，要注意方式方法，体现人文关怀。

要进一步做好毕业生就业服务指导工作，帮助大学生成才立业。做好毕业生就业服务工作，关系到实施人才强国战略和全面建成社会主义现代化国家的全局，关系到广大毕业生及其家庭的切身利益，关系到高校和社会的稳定。要坚持“面向市场，双向选择，完善服务，加强指导”的就业方针。高校要做好就业指导工作，积极为高校学生落实就业岗位创造条件。要教育引导大学生树立正确的择业观念，特别要激励大学生发扬艰苦奋斗和甘于奉献的崇高精神，到基层、到西部、到祖国最需要的地方去建功立业。

要进一步做好后勤管理和服务工作，为大学生学习生活创造必要条件。管理和服务在思想政治教育中发挥着不可或缺的作用，是全方位育人的重要环节。要把大学生思想政治教育与为大学生服务紧密结合起来，了解大学生的愿望要求，关心大学生的冷暖疾苦，帮助大学生解决实际困难。要不断提高管理和服务水平,从关心大学生学习生活的一点一滴做起,从大学生反映的一个一个问题抓起,切实加强大学生宿舍、食堂、澡堂和活动中心的管理,不断满足大学生对学习、生活和文体活动等方面的合理需求,在科学严格的管理和细致入微的服务中,增强思想政治教育的实效。

要进一步做好大学生的心理健康咨询和教育,帮助大学生培养良好的心理品质。现代社会竞争激烈,大学生面临的学习、生活、情感和就业等压力明显增大,由此产生的心理问题明显增多。心理问题已成为影响大学生健康成长的新的重要因素,必须高度重视。要积极开展心理咨询工作,为大学生提供及时、有效、高质量的心理健康指导与服务,有针对性地帮助大学生处理好学习成才、择业交友、健康生活等方面的具体问题。要积极开展多种形式的心理健康教育,促使大学生形成和保持健康的心理素质。

思想是行动的先导,认识指导着实践。有什么样的教育理念,就有什么样的教育实践,教育理念的正确与否,直接关系到教育的效果、关系到人才的培养、关系到社会的稳定和发展。不可否认,改革开放多年来的思想政治教育工作,为促进改革、发展、稳定,为夺取现代化建设的胜利,提供了强大精神动力和重要政治保证。但是,我们应当看到,面对世界政治格局的深刻变化、经济全球化的迅猛发展、科学技术的全面进步、市场经济体制的逐步确立,传统的思想政治教育理念已经变得与时代和社会越来越不相适应。科学发展观提示了事物发展的普遍规律,对于我们做好新时期思想政治教育创新工作具有重要的指导意义。为了适应社会的需要,我们必须改进和创新思想政治教育方法,必须改进和寻求大学生思想政治教育的途径。只有这样,才能真正使高校思想政治理论课成为培养德智体美劳全面发展的社会主义合格建设者和可靠接班人的红色课堂与舆论阵地。

第五章 高校思想政治教育工作队伍建设创新

第一节 高校思想政治教育工作队伍的内涵

一、大学生思想政治教育队伍的构成

大学生思想政治工作队伍是由专职、兼职人员共同组成。专职人员主要来源于本校教师和干部，兼职人员主要通过组织动员一些教师和高年级大学生、研究生来担任。专兼结合的大学生思想政治教育队伍基本结构，是我国高校思想政治教育队伍建设的优良传统。

学校党政干部和共青团干部是大学生思想政治教育的领导者和管理队伍。高等学校实行党委领导下的校长负责制，党委统一领导大学生思想政治教育，对学生思想状况和思想政治教育工作状况进行分析，制订总体规划，进行全面部署和安排。校长对大学生德智体美劳全面发展负责，统筹思想政治教育与教学、科研、社会实践的关系，对思想政治教育工作进行检查评估。学校党政领导干部包括专职从事和负责大学生思想政治教育的干部，也包括学校各级党政领导和各级职能部门干部。专职从事和负责大学生思想政治教育的干部包括学校分管大学生思想政治教育工作的党委副书记、学生工作部（处）从事大学生思想政治工作的干部、院（系）党委（总支）负责大学生思想政治教育的副书记和学校各级共青团干部。党政干部和共青团干部是对大学生思想政治教育进行宏观上的规划、组织和协调，以保证大学生思想政治教育的正确方向①。

高校思想政治理论课教师承担着对大学生进行系统的马克思主义理论教育的任务，是马克思主义理论和党的路线、方针、政策的宣讲者，

①王楠.大学生思想政治教育创新研究[M].延吉：延边大学出版社，2017：74-75.

社会主义意识形态和精神文明的传播者,要不断提高马克思主义理论素养,提高科研能力和教学水平,做坚定的马克思主义者,做教书育人的表率。高校哲学社会科学教师是学科的建设者和课程的实施者,是教学科研的组织者和管理者,也是校园文化的营造者和建设者,提高他们的素质对大学生的健康成长、对坚持和巩固马克思主义在意识形态领域指导地位,建立具有中国特色、中国风格、中国气派的哲学社会科学体系至关重要。

辅导员和班主任是高等学校教师队伍的重要组成部分,是高等学校从事德育工作、开展大学生思想政治教育的骨干力量,也是大学生健康成长的指导者和引路人。加强辅导员和班主任队伍建设,是加强和改进大学生思想政治教育及维护高校稳定的重要组织保证和长效机制,对于全面贯彻党的教育方针、把大学生思想政治教育的各项任务落到实处,具有十分重要的意义。要从战略和全局的高度,充分认识新形势下加强辅导员和班主任队伍建设的特殊重要性和紧迫性。

广大教职员工都负有对大学生进行思想政治教育的重要责任。要制定并完善有关规定和政策,明确职责任务和考核办法,形成教书育人、管理育人、服务育人的良好氛围和工作格局。教师要提高师德和业务水平,爱岗敬业、教书育人、为人师表,以良好的思想政治素质和道德风范影响和教育学生。学校管理工作要体现育人导向,把严格日常管理与引导大学生遵纪守法、养成良好行为习惯结合起来。后勤服务人员要努力搞好后勤保障工作,为大学生办实事、办好事,使大学生在优质服务中受到感染和教育。

二、大学生思想政治教育队伍的特点

大学生思想政治教育队伍建设旨在加强和改进大学生思想政治教育,具有明确的目的性、较强的综合性、突出的专业性和深刻的实践性等特点。

(一)明确的目的性

作为承担大学生思想政治教育主要力量的大学生思想政治教育队伍,其队伍建设的主要目的就是要促进大学生思想政治水平的提高,培养德育为先、德智体美劳全面发展的中国特色社会主义事业的合格建设者和可靠接班人。大学生思想政治教育队伍建设紧紧围绕这一目的展开，只有通过队伍建设，才能切实提高队伍成员的素质、能力和工作效率，更有效地教育和影响大学生，解决部分大学生中存在的政治信仰迷茫、理想信念模糊、价值取向扭曲、诚信意识薄弱、社会责任感缺乏、艰苦奋斗精神淡化、团结协作观念较差、心理素质欠佳等问题，从而提升大学生的政治素养、思想水平和心理素质，促进大学生全面发展，为中国特色社会主义事业培养坚实的后备力量。

（二）较强的综合性

就大学生思想政治教育三支队伍，即学校党政干部和共青团干部、思想政治教育理论课教师和哲学社会科学课教师、辅导员和班主任来说，开展大学生思想政治教育工作，任何一支队伍单兵作战都是不科学的，不能达到思想政治教育的综合效果。因此，大学生思想政治教育队伍建设的综合性首先就是指三支主体队伍职能的综合性。在队伍建设的过程中，要充分考虑到各队伍的优势和不足，进行资源合理优化配置，促进三支队伍相互配合、相互作用，形成大学生思想政治教育的强大合力。此外，大学生思想政治教育队伍建设的综合性表现在队伍建设所依托学科理论的综合性上。队伍建设要在马克思主义指导下以思想政治教育为核心学科依托，但是仅仅掌握思想政治教育学科的理论是远远不能适应大学生思想政治教育的发展和需要的，这就要求综合其他相关学科，例如教育学、心理学、政治学、社会学、伦理学、管理学、组织行为学的相关理论，综合进行。

（三）突出的专业性

大学生思想政治教育队伍建设的专业性主要表现在队伍成员的政治素养和角色定位方面。一方面，队伍成员具有较高的政治素养。高校思想政治教育队伍承担着宣传马克思主义理论和党的路线、方针、政策，传播社会主义意识形态和精神文明，用马克思主义中国化的最新理论成果武装大学生、用优秀文化培育大学生的主要任务。这就要求他们必须具有坚定正确的政治方向，必须有坚定的理想信念。另一方面，队伍成员具有明确的角色定位。三支主体队伍中，学校党政干部和共青团干部是负责领导、组织、协调的宏观把握工作的；思想政治理论课教师和哲学社会科学课教师是负责对基本理论、知识的传递和培养的，是一种显性教育；而辅导员和班主任主要负责日常的思想政治教育工作，在对学生活动的组织中、生活的关怀中、就业的指导中展开工作，产生一种潜移默化的影响。明确角色定位，才能明确工作职责范围，做到术业有专攻。

（四）深刻的实践性

实践的观点是马克思主义首要的和基本的观点，实践是认识的基础，是认识的来源，实践是检验认识正确与否的唯一标准。大学生思想政治教育队伍建设是在深刻的实践基础上进行的活动。首先，队伍建设来源于实践。正是由于大学生思想政治教育实践的不断发展，与之相适应才产生了大学生思想政治教育队伍建设。其次，队伍建设服务于实践。大学生思想政治教育队伍建设的直接目的就是更好地服务于大学生思想政治教育的实践，从而增强教育的实效性，切实提高大学生的思想政治水平。再次，队伍建设接受实践的检验。大学生思想政治教育队伍理论建设的成效如何，不是由队伍成员主观来评判的，最终还是要由思想政治教育的实践来检验。最后，大学生思想政治教育队伍活动本身就是一种实践。党政团干部的决策实施工作是实践，思想政治理论和哲学社会科学课教师的教学活动也是实践，而辅导员和班主任作为日常思想政治教育的骨干，经常与学生沟通交流，开展各类活动，他们的工作更是一种实践。

三、大学生思想政治教育队伍建设的基本内容

（一）思想建设

大学生思想政治教育队伍思想素质的水平影响大学生思想政治教育的实际效果。其思想建设的重点是坚持科学的指导思想，加强理论学习和社会实践，通过外部灌输和自我修养，提升思想水平。坚持以中国特色社会主义理论为指导，坚定中国特色社会主义制度自信、道路自信和理论自信，坚定社会主义办学方向，坚决拥护中国共产党的领导，坚持以人为本，在工作中做到“育人为本，德育为先”。

（二）组织建设

组织机构健全、配备人员充足、结构合理的队伍是做好工作的基础和前提。大学生思想政治教育队伍组织建设要按照专职为主、专兼结合、数量充足、相对稳定、合理流动、团结高效的原则，做好各类人员的选聘、培养和管理工作，对人才资源进行合理有效的配置，充分发挥党政干部和共青团干部的组织、协调和领导作用，保证大学生思想政治教育队伍后继有人，保持队伍的延续性。

（三）业务建设

业务素质是思想政治教育者有效开展思想政治教育工作的基本条件。这支队伍是否具备精湛的业务能力，是高校思想政治教育能否有效开展的关键因素。业务建设主要是要加强对队伍成员的培养培训，采用脱产学习、岗位轮换、出国学习考察、挂职锻炼、参加社会实践活动等形式，切实提高队伍成员的实际水平和工作能力，提高他们的语言表达能力、处理危机能力、随机应变能力、教学科研能力等。

（四）作风建设

大学生思想政治教育队伍要坚持解放思想、实事求是、理论联系实际，本着贴近实际、贴近生活、贴近学生的原则，经过有组织的教育、培养、锻炼、管理和加强自身的修养，使整个大学生思想政治教育队伍在日常的工作、学习和生活中，形成正确的思想作风、积极向上的学风、扎实的工作作风和良好的生活作风。

（五）制度建设

制度建设是带有根本性、全局性、稳定性和长期性的问题，要制定和完善适应大学生思想政治教育队伍建设和发展的各项法律法规、方针政策和规章制度体系，全面规范和指导大学生思想政治教育队伍建设工作，使大学生思想政治教育队伍的选拔、培训、管理、激励和保障等建设工作有法可依、有章可循，形成长效机制，实现大学生思想政治教育队伍建设工作的制度化、规范化和科学化。

第二节　高校思想政治教育工作队伍建设的现状

近年来，党和国家高度重视大学生思想政治教育队伍建设工作，从队伍构成、定位、分工、政策保障及培养培训等方面探索创新队伍建设的新格局，推动了大学生思想政治教育队伍建设的稳步发展。

一、明确了队伍的构成、定位和分工

中央明确指出，学校党政干部和共青团干部，思想政治理论课和哲学社会科学课教师，辅导员和班主任是大学思想政治教育队伍的主体。还明确规定了三部分主体的具体分工：学校党政干部和共青团干部负责学生思想政治教育的组织、协调、实施；学校党委要统一领导大学生思想政治教育工作，经常分析大学生思想状况和思想政治教育工作状况，制定思想政治教育的总体规划，对学生思想政治教育工作进行全面部署和安排；校长要对大学生德智体美劳全面发展负责，把思想政治教育与教学科研社会服务工作结合起来，同时部署、同时检查、同时评估；学校各部门要明确各自职责，密切协作，切实完成相应任务；学校基层党团组织要认真履行学生思想政治教育职责，把加强和改进大学生思想政治教育工作落到实处。这些规定使高校党政干部和共青团干部在大学生思想政治教育工作中的定位更加清晰、职责更加明确。

高等学校思想政治理论课教师是马克思主义理论和党的路线方针政策的宣讲者、社会主义意识形态和精神文明的传播者，要不断提高马克思主义理论素养，提高科研能力和教学水平，做坚定的马克思主义者，做教书育人的表率，做大学生健康成长的指导者和引路人。高等学校哲学社会科学课负有思想政治教育的重要职责，哲学社会科学课教师和思想政治理论课教师一起被纳入大学生思想政治教育队伍主体之中，要求他们根据学科和课程的内容、特点，负责对大学生进行思想理论教育、思想品德教育和人文素质教育。对思想政治理论课教师的定位，从20世纪80年代“是塑造学生思想灵魂的工程师，是宣传科学共产主义的战士”发展为“党的理论、路线、方针、政策的宣讲者，大学生健康成长的指导者和引路人”，对其角色定位更加准确全面。目前，高校思

想政治理论课教师队伍教师准入资格的高要求，如必须具有硕士学位、必须是共产党员等条件的要求，表明高校思想政治理论课教师队伍素质要求有越来越严格的趋势。而将哲学社会科学队伍纳入大学生思想政治教育主体，不仅扩大了队伍、充实了力量，也进一步提升了高校思想政治教育队伍的层次和水平①。

辅导员和班主任是大学生思想政治教育队伍的主体，是大学生思想政治教育的骨干力量。辅导员按照党委的部署有针对性地开展思想政治教育活动，班主任负有在思想、学习和生活等方面指导学生的职责。辅导员是高等学校教师队伍和管理队伍的重要组成部分，具有教师和干部的双重身份；辅导员是开展大学生思想政治教育的骨干力量，是大学生思想政治教育和管理工作的组织者、实施者和指导者；辅导员应该努力成为大学生的人生导师和健康成长的知心朋友，并从思想政治教育、道德品质培养、助学帮困、就业指导、校园稳定等八个方面规定了辅导员的工作职责。辅导员和班主任的角色定位，不仅适应了大学生全面发展的要求，也有利于提高辅导员和班主任的社会地位，树立良好的职业形象，增强其职业归属感和事业成就感。2017年8月31日，教育部发布了第32次部长办公会议修订通过的《普通高等学校辅导员队伍建设规定》，该规定从要求、职责、配备、选聘、发展、培训、管理及考核等方面，明确了高校辅导员队伍的建设标准，为高校辅导员队伍的建设提供了具体可执行的依据。

总之，大学生思想政治教育队伍的构成、定位和分工的明确，为队伍建设的科学化和有序化奠定了基础。

二、完善了队伍建设的政策保障

保持思想政治教育队伍的稳定和发展，需要明确政策、落实待遇。各高校要按师生比不低于1:200的比例设置本、专科一线专职辅导员，每个系的每个年级设专职辅导员，每个班级都要配备一名兼职班主任。职称和待遇方面，除了继续完善思想政治教育队伍的专业职务系列外，还要将辅导员和班主任的岗位津贴等纳入学校内部分配体系统筹考

①奚冬梅，胡飒.高校思想政治教育教学与实践研究[M].北京：光明日报出版社，2018：47-48.

虑，确保辅导员和班主任的实际收入与本校专任教师的平均收入水平相当。对辅导员实行“双重管理”，保证辅导员“双线晋升”，可按照助教、讲师、副教授、教授来评聘思想政治教育学科或其他相关学科的专业技术职务。辅导员作为后备干部，还可以被选拔、调派从事校内的管理工作或者被推荐至地方组织部门。辅导员的配备比例和辅导员的编制、职称评定、职务晋升、岗位津贴、办公条件、通信经费等方面要做更加细致的规定。

三、加强了队伍的培训

（一）对辅导员队伍的培训

2005年，教育部下发了《关于加强高等学校辅导员班主任队伍建设的意见》。提出要大力加强辅导员和班主任队伍的培养培训工作，切实为辅导员和班主任工作及其发展提供保障。2013年5月，教育部下发了《普通高等学校辅导员培训规划（2013—2017年）》，对辅导员培训工作做出了统筹安排。

（二）对思想政治理论课教师的培训

近年来，国家通过全员培训、骨干研修、在职攻读学位、国内考察、国外研修、以项目选人和选人给项目等多种途径进行思想政治理论课教师的培训，建设一支“让党放心、让学生满意”的高校思想政治理论课教师队伍。努力造就数百名政治坚定、理论功底扎实、善于联系实际、具有较高教学水平和科研能力的领军人物、中青年学术带头人；培养数千名思想政治理论素质高、业务精湛、具有发展潜力的教学一线骨干教师，以及数万名坚持正确方向、师德高尚、业务熟练、结构合理的专业化教师，为加强和改进大学生思想政治教育，培养德智体美劳全面发展的中国特色社会主义事业合格建设者和可靠接班人做出贡献。

第三节　加强高校思想政治教育工作队伍建设创新的策略

一、促进队伍建设的专业化和职业化

大学生思想政治教育队伍应由精干的专职人员和兼职人员组成，其中以专职人员为主、兼职人员为辅，构建合理的专兼队伍结构。正是由于党和政府坚持专兼结合的原则，才使得高校思想政治教育队伍不断发展壮大，结构不断优化，也才使得全员育人、全过程育人、全方位育人的工作思路在实际工作中得到贯彻落实。

在专兼结合的大学生思想政治教育队伍基本结构中，专职思想政治教育工作者是骨干力量。要实现思想政治教育工作的专业化和科学化，必须以专职人员为骨干，并且通过专业化和职业化建设，培养和造就一批思想政治教育的专家。专业化致力于队伍成员内在素质的提升，职业化立足于外在的资格认证和职业要求。思想政治教育队伍的专业化建设，有助于提高队伍整体素质，使其掌握相关的专业知识和工作能力，确保有充足的时间和精力进行本职工作，提高思想政治教育工作实效。职业化是专业化发展的动力和保障，职业化使其具备崇高的职业理想，掌握过硬的职业技能，树立良好的职业形象，提升社会认同。个人职业取得发展，能够使他们安心本职工作，有助于队伍稳定和健康发展。

我们可以采取以下措施促进大学生思想政治教育队伍建设的专业化和职业化。

（一）培养培训

其一，培训的内容主要包括对大学生思想政治教育队伍成员的思想政治素养的培训、思想政治教育专业理论知识的培训，以及社会学、心理学、教育学等相关专业知识的培训和相关能力素质的培训，重点是对队伍成员政治素养的培训。还应该进行对大学生思想政治教育队伍工作方式方法创新的培训，引导他们树立运用新方法的意识，培育他们合理采用新方法的技能。其二，培训的形式可以采取岗前培训、日常培训、专题培训、学历培训和骨干培训等形式，要突出学历培训和骨干培训。学历培训一般是指对已经从事工作的队伍人员进行统一规划和安排，选送他们去攻读硕士学位或者博士学位，学成归来再继续回到原岗位参加工作，培育思想政治教育方面的专家和学者。骨干培训是指为了保证队伍的稳定性，选择一些表现突出的骨干力量进行社会实践、挂职锻炼及国内外的各种培训，培育一批教育能手。其三，完善培训保障机制。要重视精品教材和课程建设，积极吸收国内外优秀研究成果和实践经验，逐步建立科学合理、绩效突出，以理论学习、技能训练和案例教学为重点的培训教材和课程体系；要继续建立健全思想政治教育队伍人才培养基地，保障大学生思想政治教育者定期系统培训的实现；建立对培训结果相应的考核制度，培训最终的目的是要提高队伍成员的素质，不能简单上课、开会就算结束，在培训结束以后要检验培训实际效果。可以把队伍成员的培训作为其评优评奖、待遇和职称变化的一个标准，以激发他们参加培训的自觉性和积极性[①]。

（二）以辅导员队伍建设为重点

作为大学生思想政治教育队伍之一的辅导员队伍，是大学生思想政治教育的骨干力量，保证辅导员队伍建设的专业化和职业化、必将促进整个队伍专业化和职业化的发展，保持队伍稳定。其一，设立辅导员专业。促进大学生思想政治教育队伍建设的专业化，不仅要继续深化原有学科专业发展，而且要适应新的实践需求，创建辅导员专业，促进辅导员学科发展。教育部可以结合当前大学生思想政治教育工作的实际需要和辅导员队伍建设未来发展需求，将辅导员学科作为思想政治教育的一个分支学科，在原来思想政治教育专业二级学科的基础上，创建能培养具备高水平理论素养和实践能力的高校辅导员专业，进行统一的招生培养，为专业化的辅导员队伍建设提供坚实的后备力量。辅导员专业的设立，将更有针对性、实质性地提升辅导员队伍的专业化和职业化水平，为辅导员队伍工作的开展提供强大的专业学科支撑和组织保证。其二，做好合理分流。未来辅导员队伍如果不能做到合理分流，必将影响这支队伍工作的积极性和创造力，高校应建立多个职业发展渠道，允许不同的人有不同的发展方向，让专职辅导员看到自己的职

①徐芳.构建以学生为主体的高校思想政治教育模式研究[D].西安：长安大学，2007：43-44.

业前景。一方面，培养一部分科研能力突出、具备敏锐科研思维能力的辅导员成为思想政治教育专家；鼓励一部分善于管理学生事务、善于疏解学生心理问题、能够创新性地开展大学生主题教育活动的辅导员，继续从事辅导员工作，把辅导员工作当作自己的终身职业来对待。另一方面，一部分具备行政管理能力的辅导员，可以推荐其在学校机关部门工作，发挥其行政管理能力。这样各展其能，让他们在工作中获得最大的积极性和成就感，就能更科学、更有效、更全面地引导辅导员的工作，有利于形成辅导员队伍的长效发展机制。总之，让辅导员这个角色成为人才成长和发展的平台，更让辅导员成为一种职业，促进整个队伍建设的稳定性。

二、促进队伍建设的制度化和规范化

（一）建立健全选聘机制

首先，扩大人数规模，按照国家相关文件的要求来配备思想政治教育人员。思想政治理论课专任教师要总体上按不低于师生1∶400的比例配备，专职辅导员和学生按1∶200甚至更高的比例来配备，保证每个院系、班级都有相应数量的专职辅导员。要以优厚的待遇和人文关怀为招聘条件，最大限度和最广范围地吸引有意愿者积极加入队伍中来。其次，规范选拔标准，按照政治强、业务精、纪律严、作风正的要求，坚持专兼结合的原则进行选拔。政治强是指队伍成员要具备的首要素质就是政治素质，必须有坚定的政治信念，拥护党的领导，这就要求队伍成员最好是中国共产党党员。业务精是指必须掌握开展思想政治教育工作的相关专业知识和能力素质，如语言表达能力、危机处理能力、应变能力等。纪律严是指大学生思想政治教育队伍要遵守严格的制度规范，有严明的工作纪律，以此来规范自身行为。作风正是要求队伍成员具有实事求是的作风、密切联系学生的作风、民主公正的作风，树立良好的形象。最后，完善选拔程序，包括笔试、面试、试用等环节。以辅导员的选拔为例，笔试的内容包括与大学生思想政治教育队伍相关知识的运用程度。面试主要是对应聘者的能力进行考查，测试他们职业能力、应对突发事件的能力、心理承受能力及语言表达能力。然后对拟录取者进行试用，根据其实际表现及学生反映进行综合评判，试用期间实行双向选择和淘汰机制。

（二）建立健全考核机制

由于大学生思想政治教育工作的复杂性和特殊性，学校必须制定出一套符合实际、行之有效的考核机制来进行考核。从考核主体来看，应该全面考虑多方面的因素。其主体包括学生、队伍成员自己、同事及上级部门，对队伍成员进行学生评议、个人自评、院系考核、职能部门考核和同级互评，然后综合所有考核人员意见，得出最后考核成绩。从考核内容来说，包括对队伍成员的素质考评，即考查他们的政治、思想、作风、道德等素质；能力考核，即实际分析问题和解决问题的能力，组织协调、教学及科研能力；工作绩效，即考核队伍成员的工作数量、出勤、学生实际思想水平情况等。从考核的方法来说，首先，应该坚持定性与定量相结合的方法，根据队伍成员的实际工作特点，对其素质和能力方面进行定性考核、对工作业绩等进行定量考核，要尽量把考核标准量化转化为可以直接或者明确反映其工作业绩的具有可操作性的标准。其次，要坚持过程考核和结果考核相结合，结果考核主要考查队伍成员岗位职责完成情况和工作业绩，过程考核主要是看队伍成员平时的工作状态和表现，是一个动态的过程。最后，要将考核结果与奖惩相结合，对优秀的队伍成员进行表扬奖励，对于考核不合格的应予以批评、提醒，严重不合格者要考虑调离工作岗位或者解聘。

（三）建立健全动力机制

动力机制即激励机制，建立健全的激励机制能够有效提升队伍成员工作的积极性和主动性，营造公平和谐的工作环境。首先，要帮助大学生思想政治教育队伍成员认识和评价自身工作的价值，对所从事的工作产生认同感，能从工作上得到满足和成就，这是解决动力不足问题的关键。其次，要将物质激励与精神激励结合起来。物质激励就是要为大学生思想政治教育队伍成员提供良好的工作环境，提高工作水平和福利待遇，对超负荷的工作要给予补贴，对表现突出的人员进行物质嘉奖。精神激励要通过表彰，授予荣誉称号，提供培训、晋升机会，解决个人发展问题来进行，主要是对队伍成员尊重、成就和自我价值的满足。再次，坚持正激励和负激励并重，对表现优秀的人员要给予及时的奖励,对消极怠工、工作不佳的人员要进行警告,必要时进行一定的惩罚。这就需要健全淘汰机制,对于不能胜任工作的人员及违反纪律、犯错误的人员予以警告、记过、辞退等。最后,国家、学校要有适当的政策倾斜,为队伍建设提供一定的环境保障和制度支撑。相关部门要在教育资源、硬件设施和资金供给方面给予队伍建设大力支持和一定的政策倾斜。就辅导员队伍建设来说,要继续完善教育部人文社会科学研究项目、辅导员专项课题及高校哲学社会科学辅导员专项研究,设立辅导员科研基金、规范科研项目管理、完善科研条件保障机制等。

三、增进交流合作以实现主渠道和主阵地的有机统一

大学生思想政治教育包括思想政治理论教育和日常思想政治教育两个重要方面。思想政治教育理论课是大学生思想政治教育的主渠道,思想政治理论课教师是主要教育主体,而日常思想政治教育是大学生思想政治教育的主阵地。大学生日常思想政治工作主要是指师生交流、职业生涯规划指导、学术活动、社会实践活动、心理健康教育咨询、学生社团活动、党团活动、校园网络等教育形式和途径。日常思想政治教育主要是由党政干部和共青团干部、辅导员和班主任开展的思想政治教育活动,辅导员是日常思想政治教育主阵地上的基层指挥员。主渠道和主阵地是相互配合、相互补充的,两者有机统一于思想政治教育实践中。首先,思想政治教育理论课具有明确的教学目标、系统的教学内容和完整的教学计划,日常思想政治教育可以按照大学生成长成才的规律安排教育内容,构建起完整的日常思想政治教育体系,在内容的选择上要围绕理论课讲授内容进行,实现双方在内容上的衔接。在工作的方式方法上,思想政治理论课教学在讲授和灌输的基础上,也要借鉴一些日常思想政治教育的形式,如利用网络教学、带领学生参加社会实践活动等,以激发学生兴趣,提高课堂教学质量。这都需要思想政治理论课教师与其他两支队伍尤其是辅导员队伍进行有效沟通和配合,形成思想政治教育的强大合力。其次,要为合力育人搭建平台,成立课题研究小组,共同组建课题研究团队。课题小组通过“实践—理论—实践”的良性循环模式,形成合力,提升大学生思想政治教育效果。最后,进行必要的岗位轮换,学校党政干部、共青团干部的工作不应仅仅停留

在发通知、发文件、开会、考核这些层面上，必要时可以深入学生工作第一线，担任学生的兼职辅导员、班主任或者兼职学生党支部、团支部书记等。而优秀辅导员和班主任则可以兼职教授大学生思想政治理论课，同样，思想政治理论课和哲学社会科学课教师也可兼职做学生的班主任和辅导员。需要注意的是，大学生思想政治教育队伍相互配合，形成合力，要建立在明确队伍职责的基础上，并不是职能的混乱和无序。各主体队伍首先要明确自身职责，才能真正达到职能的互补与合作。

四、全面提高队伍素质

思想政治教育工作者素质，是指思想政治教育工作人员必须具备的思想、政治、品德、知识、能力、心理等各方面基本条件的总和。大学生思想政治教育队伍成员“都要坚持正确的政治方向，加强思想道德修养，增强社会责任感，成为大学生健康成长的指导者和引路人。在事关政治原则、政治立场和政治方向问题上不能与党中央保持一致的，不得从事大学生思想政治教育工作”①。中宣部、教育部《关于进一步加强高等学校思想政治理论课教师队伍建设的意见》指出，思想政治理论课教师要坚持正确的政治方向、理论功底扎实、善于联系实际，成为 支政治坚定、业务精湛、师德高尚、结构合理的教师队伍。

高校学生思想政治教育工作者应该具备以下基本素质：政治素质，即在事关政治原则、政治立场和政治方向的问题上与党中央保持一致，具有较高的政治理论水平、政策水平和优良的政治品质；思想素质，即具有辩证唯物主义和历史唯物主义世界观、正确的人生观、优良的思想方法和工作作风；道德素质，即具有无私奉献精神、高度负责精神、民主平等精神、以身作则的品格，在道德人格心灵境界和情操等方面成为学生的楷模；法律素质，即具有现代的明确的法律意识和理性精神，了解掌握基本的法律常识，并能在工作和实践中依法办事；智能素质，即具有扎实系统的理论知识、文化知识和专业知识，以及运用于工作实际的各种技能和艺术；心理素质，即具有广泛的兴趣、优良的性格、真诚的情感和良好的自制力等；创新素质，主要包括竞争和创新意识、独立性和创造性思维、开拓和创新能力等。

①孟书广.当代大学生社会责任感培养[J].中外企业家，2017(1)：191.

第六章　不同文化视角下高校思想政治教育工作创新研究

第一节　校园文化与高校思想政治教育工作

一、校园文化在思想政治教育中的作用

（一）充分发挥校园文化在高校思想政治教育中作用的原则

任何一种文化形态的形成、发展都需要遵循一定的原则，高校校园文化建设也不例外。若要充分发挥校园文化在高校思想政治教育中的积极作用，就必须探索出一套原则体系，并在其体系范围内进行校园文化建设，唯其如此才能达到预想的结果。

1. 坚持校园硬件建设与校园软件建设相结合的原则

校园文化建设需在硬件与软件建设相结合的基础上充分发挥其具有的思想政治教育功能。其中，校园绿化美化布局、文化设施、社团组织等属于硬件建设，校园办学理念、校风教风、学术氛围、文化地理等则属于软件建设。二者存在一定的关系，即硬件建设为软件建设的有效实施奠定了基础，软件建设是硬件建设的条件，二者在大学生思想政治教育过程中，都是一种无形、潜在、隐性的力量，润物细无声地作用于大学生思想政治教育过程的始终，影响着大学生的价值取向、行为方式。而良好的硬件与软件建设是高校发展中不可替代的引擎，是高校校园文化传承与开拓的助力剂，对大学生思想品德素质的形成和发展起着非常重要的积极作用。因此，充分发挥校园文化在高校思想政治教育中的作用一定要坚持“两手都要抓，两手都要硬”的原则，缺一不可。也要做到在立足各高校实际的条件下，充分挖掘校园现有资源，不断增强基础设施建设，与此同时，也要防止硬件上去了，而软件处于落后状态。

2. 坚持繁荣文化活动与克服反文化现象并举的原则

活动是校园文化建设中不可缺少的一部分，既是校园文化内涵的外在表现，也是校园文化内涵传承和发展的载体。加强高校校园文化建设，一方面要繁荣校园文化活动，鼓励高校全体师生员工创作出具有校园特色的优秀的文化作品，同时组织一些富有思想性、科学性、趣味性、知识性的文化活动，不仅可以陶冶情操，也能为他们提供丰富有益的精神食粮。尤其要结合大学生自身的发展需要，结合一些重大节目，通过寓教于乐的方式，弘扬爱国主义、集体主义、社会主义主旋律，弘扬民族精神，坚定大学生正确的政治方向，激发大学生社会责任感和历史使命感，增强大学生的民族自尊、自信与自豪感。另一方面，要克服反文化现象，不断缩小直至消除有害的、不良思想文化在校园文化领域中的影响，抵制各种腐朽、有害的思想文化对大学生的侵蚀。因此，高校校园文化建设在坚持繁荣文化活动的同时也要克服反文化现象，为大学生的健康成长和学习提供一个良好的文化氛围，达到高校育人的目标。

3. 坚持弘扬中国传统文化与尊重文化多样性相统一的原则

高校是传统思想文化积淀的集大成者，高校校园文化与中国传统文化是紧密相关的，撇开传统文化单独谈高校校园文化无价值可言。传统文化在现代社会进程中仍然具有极其重要的意义和价值，扮演着极为重要的角色。它蕴含着崇高的民族精神、优秀的道德品质。爱国主义精神仍是高校教育工作的重点，是激发大学生爱国情怀、提高思想道德素质的精神食粮。其中，传统文化中所蕴含的道德品质在我们构建精神文明的今天是非常值得继承与发扬的。如“先天下之忧而忧，后天下之乐而乐”的崇高的爱国主义精神，“己所不欲，勿施于人”的仁爱精神等，举不胜举。我们应紧随时代发展趋势，不断赋予中华优秀传统文化新的内涵，使其不断发扬光大，不断充实高校校园文化。

毋庸置疑，经济全球化、社会信息化、世界多极化、文化多样化的不断发展，必然带来国际范围内不同思想文化更加激烈的碰撞，这种不同思想文化的碰撞，势必会引起思想文化和价值观念领域的巨大冲突和张力，但同时也给异质文化相互学习、相互融合带来契机。校园文化作为一个开放的文化体系，也应尊重文化的多样性，不能因为西方发达国家意图通过意识形态和价值观念渗透进而达到“西化”中国的图谋，就一味地排斥西方文化，应该吸收、借鉴世界各国的优秀文化成果，坚持弘扬中国传统文化与尊重文化的多样性相统一，以便不断丰富高校校园文化的内容，使其既能体现优良传统，又能体现时代特性，始终呈现出生机勃勃的景象。

（二）创新校园文化在高校思想政治教育中积极作用的路径

当下，大学生思想政治教育问题已经引起了广泛重视。对于在如今复杂的环境下如何提高大学生对参差不齐的西方文化价值的判断能力，如何让大学生关注严肃性的正面新闻、传播正能量等问题，已经引起了广泛讨论，高校校园文化建设理应在这一问题的解决上做出自己应有的贡献。要实现这一目标，需要从以下几个方面着手：

1. 创新校园文化对高校思想政治教育服务模式

富有极强生命力、吸引力和感染力的校园文化无疑是有效发挥其思想政治教育作用的良药。倘若高校思想政治教育只是按照传统教育方式一味被简单重复、应付检查，势必会导致高校思想政治教育形式化、死板化，那么到头来其效果或者微乎其微或者背道而驰。因此，为有效发挥校园文化在高校思想政治教育中的积极作用，必须有选择性地改变传统的高校校园文化建设模式，进一步创新校园文化对高校思想政治教育的服务模式①。

高校校园文化建设应采取喜闻乐见、能够满足大学生自身的发展需要与符合他们思想特征的内容与形式。这就要求高校在紧随时代发展的前提下，坚持与时俱进、与时俱新，充分把握好大学生自身的发展规律，注重大学生的主体地位并发挥其主观能动性，并在继承与创新中国优秀传统文化、先进文化、本校特色文化基础上，借鉴、吸收西方优秀文化，以充实、丰富校园文化，促进校园文化建设健康发展。

2. 加强思想理论的引导

顾名思义，思想政治教育是思想的政治性和政治的思想性两者有机统一与结合的教育，我们必须在马克思列宁主义、毛泽东思想、邓小

---

①王琦．思想政治教育视域下高校校园文化生态优化研究[D].哈尔滨：哈尔滨师范大学，2020：35–36.

平理论、“三个代表”重要思想、科学发展观、习近平新时代中国特色社会主义思想的指引下，坚持主旋律原则。校园文化建设的根本目的在于通过营造有利于主旋律、社会主义核心价值体系的宣传气氛，加强以社会主义核心价值体系为主要内容的大学生思想政治教育。特别是在信息量无限增多、价值多元化社会，大学生由于处于价值观形成和确立时期，抓好这一时期的价值观养成至关重要，高校在校园文化建设过程中，更应着力宣传社会主义核心价值观。因此，在增强校园文化感染力与吸引力的同时必须坚持用马克思列宁主义思想来指导校园文化建设。

二、以校园文化推动思想政治教育

（一）以高校校园文化推动思想政治教育机制的原则

不同的学科领域对机制的概念有着不同的理解。机制，在一般意义上，是指复杂系统结构各个组织部分相互联系、相互制约、相互作用的联结方式，以及通过它们之间的有序作用而完成其整体目标，实现其整体功能的运行方式。校园文化的机制涉及种类繁多，总结归纳为四大类机制，分别是创新机制、运行机制、联动机制、建设机制。

1. 思想政治教育的创新机制

创新是事物得以发展的有效手段，社会的发展离不开制度、科技和文化的创新。机制创新要遵守以人为本的创新理念，尊重人的创造性，尊重个体之间的差异，尊重人的主观能动性。机制创新遵守实事求是的行事作风，坚持一切从实际出发的原则，坚持学术研究的严谨性和规范性。创新机制要打造信任、平等、开放、合作的学术平台，为不同学科、不同专业提供交流的机会，学科之间形成合作与竞争共存的互动关系。大学运行在社会大环境中，创新也是必不可少的发展手段。创新型大学文化要为大学创新活动提供动力、氛围和必要的前提条件。大学创新的动力来自大学对发展进步的需求，文化创新为社会变革提供动力，是影响社会变革的重要因素。同理，高校校园文化创新促进大学的创新，校园文化创新的进步和倒退，直接影响着大学的建设工作。创新机制的建立决定创新活动的开展，创新机制的运行影响创新活动的成效。创新机制主要分为三类，分别是精神创新机制、物质创新机制、制度创新机制。精神创新机制是高校校园文化建设的前提，制度创新机制是高校校园文化建设的保障，为精神创新成果提供适合发展的保障制度，物质创新机制是对精神创新机制与制度创新机制相结合的成果的呈现。精神创新机制、物质创新机制、制度创新机制各自独立运行，三者之间又相互联系，共建于校园文化建设创新机制之中。

2. 思想政治教育的运行机制

校园文化建设视域下思想政治教育运行机制是指在高校校园文化系统下思想政治教育得以存在、运行、发展所依赖的因素和它们之间的相互关系。高校校园文化中思想政治教育的运行机制是使思想政治教育机制中各因素更好运行的前提。高校中的领导班子、教师团体、行政人员、在校学生都是运行机制得以正常运转的重要组成要素，担负各自的职责。思想政治教育运行机制的动力因素结构并不是单一的，而是一个完整的系统。社会中的政治、经济、文化、科技的发展都会对思想政治教育的运行机制产生影响。校园文化中思想政治教育运行机制的目标是育人，属上层建筑范畴。社会政治方向决定了思想政治教育运行机制的发展方向，社会经济发展程度决定了思想政治教育运行机制的发展程度，并且社会经济发展的程度会反作用于社会政治的发展方向。此外，科学的指导思想和先进的发展理念为思想政治教育的运行机制提供引导。

3. 思想政治教育的联动机制

为了适应社会的快速发展，完成国家对高校提出的新要求，提升广大师生的政治素养，高校建立思想政治教育与校园文化建设联动机制，可以加强思想政治教育系统和校园文化建设系统的互动交流，合力推进高校思想政治教育工作的开展。所谓教育合力，就是指在一定的时间和条件下，通过综合教育而产生的综合作用。这种综合作用，并不是综合教育中各个单项教育作用的加入，而是比单项教育作用大得多的新的教育力量。思想政治教育与校园文化建设的联动机制使思想政治教育系统内的各要素与校园文化建设中的各分支之间相互联系和作用，形成教育合力，共同推进高校思想政治教育工作。

4. 思想政治教育的建设机制

思想政治教育建设机制不同于运行机制，运行机制体现校园文化生成和发展的过程，具有客观规律性，而建设机制是在对校园文化运行机制充分了解的基础上进行的对目标起促进作用的机制，具有主观能动性，可以更好地帮助推进校园文化建设工作。

第一，要明确高校正确的发展方向。在文化多元的背景下，涌入高校的西方思潮虽然丰富了高校思想领域建设，但也对社会的主流意识形态发起了冲击，面对新的挑战，校园文化工作的重心要放在精神文明建设层面，把社会主义核心价值观贯彻到文化建设工作的方方面面，通过核心价值观来引领校园文化精神层面的建设，用社会主义核心价值观培育出科学、向上、积极的大学精神。用科学的指导思想指挥文化建设工作，用主流的意识形态引领精神建设方向。将奉献国家和回报社会作为个体生存的基础要求，将孝敬父母和尊敬长辈作为个体生活的内在标准，将爱岗敬业和友善待人作为个体发展的行事准则。

第二，提高校园文化建设工作的领导能力，激发全校师生的参与热情。我国物质建设工作和精神建设工作都是在中国共产党的领导下进行的，高校作为国家的重点培育单位，更是在我党的领导和监督下运行所有工作的。在党、团组织监督下的校园文化建设工作小组，将有助于加深校园文化建设的科学性，提高高校对校园文化的重视程度。领导小组的制度化，将有助于领导者认清权利、责任和服务三者的关系，认真行使自身权利，承担社会责任，为全体师生服务。能够提出把师生利益放在首位，符合社会发展规律的决策。领导者要通过不间断的学习来提升领导管理的能力，与时俱进，统一全局，用长远的眼光指导建设工作，统领高校校园文化建设工作。规范自身行为，要更加注意工作的方式方法，要建立深厚的群众基础，保持自身的廉政作风，要以维护群众的利益为制定方案的出发点。校园文化建设工作除了在专业人员的带领下进行，更要激发全校师生共建的积极性，从领导到教师再到学生，鼓励全员参与到校园文化建设工作之中，发散思维，各抒己见，为校园文化的建设加入新鲜血液。

第三，要对系统中各分支进行整合，整体推进高校校园文化建设工作。大学文化建设是一个庞大的工程，包含多种部门。校园文化精神层面的构建、校园文化物质层面的建设、校园文化活动的举办都是校园文化建设工作的分支，将各分支的运行统一在校园文化建设工作的整体指挥下，可以激发各分支的最大潜能，达到协调有序地发展。精神层面的建设主要以党中央确立的指导思想为准则，坚守科学发展观，始终把“化人”“育人”作为高校工作的目标。要整合各分支的建设目标，把培养出符合时代要求的国家未来建设者和接班人作为工作的总目标。要确立主旋律，使高校工作的运行方向与中国特色社会主义现代化建设的前进方向保持一致。思想政治教育在精神层面建设工作中处于核心地位，它决定了精神文明建设工作的方向。物质层面建设中的高校校园建设，是建立在审美学基础之上的，应建造出突出学校特点、具有地域特色的优美校园，并配备完善的基础设施，为全体师生提供更好的学习和生活环境。绿色校园更加彰显出人类与自然和谐共处的决心，通过自然环境净化师生的内心，提升师生的审美品位。校园文化活动的举办，把校园文化建设从静态转化为动态，从单一的形式转变为多种形式，把校园文化建设理论转变成实际活动，增加了实践性。我党坚持的唯物论是采用科学的理论探知物质世界，显而易见，物质层面的建设决定了精神层面的建设，是精神层面建设的前提和基础，同时精神层面的建设也会反过来作用于物质层面的建设，对物质层面建设的发展起着推进或滞后的作用，这都取决于精神层面的建设是否符合事物发展的客观规律，是否同步于社会发展的前进方向。精神建设和物质建设都遵循各自不同的运行方式，但是又有着千丝万缕的关系，校园文化活动是精神建设和物质建设的共同承载体，在校园活动中既能体现精神建设又能显示物质建设，所以大学校园文化建设系统中的各分支既能保持独立的运转方式，又可以被整合在统一的建设系统中进行校园文化建设。

第四，要设立检验、反馈制度，及时调整高校校园文化建设工作。高校的制度经过实践的检验后，需要进行定期的检验和反馈。高校校园文化建设工作想更大程度地发挥作用，需要用检验、反馈制度进行及时的调整。校园文化在建设过程中，受到主、客观及不可抗力因素的影响，会与预期的效果产生偏差。检验、反馈制度的作用是发现校园文化建设过程中的问题，及时反馈给建设工作者，以便工作者做出有效的调整,可以避免产生更大的损失。当然,检验、反馈制度并不只是用来发现问题,还可以抓住建设工作中出现的闪光点,反馈给建设者,建设者再加大投入力度,使其发挥更大作用。此外,检验、反馈制度还可以评估实施措施的难易程度及可行性,根据评估对实施力度做出相应调整,可以避免浪费不必要的人力和物力。最后,进行校园文化建设的工作人员需要以客观、全面、深入的眼光进行检验、评估工作,洁浊扬清,才能营造健康积极的校园环境。

(二)以高校校园文化推动思想政治教育的实践路径

思想政治教育、校园文化建设和高校整体建设的关系环环相扣,高校实现教书育人目标的有效手段就是进行思想政治教育。如何发挥校园文化建设中思想政治教育的最大功效,直接影响高校教书育人目标的完成程度。校园文化中的思想政治教育具有时效性、针对性和具体性的特点,利用校园文化建设中思想政治教育的特点可以更好地完成高校教书育人的目标。

1.整合校园文化资源,推动高校思想政治教育建设

校园文化遍布于高校整体运转的各个方面,为了确保高校建设工作的正确方向,建立积极健康向上的校园文化环境,高校首要工作是对校园文化资源进行整合,形成完整系统的校园文化体系推动高校思想政治教育建设。整合校园文化资源主要在两方面推动高校思想政治教育建设。

整合管理资源,规范高校校园文化建设的正确方向。校园文化建设的首要工作是传播高校的办学理念,彰显校园的地方特色,保持严谨正确的政治态度,向符合社会发展要求的方向前进。首先,高校中校园文化建设的管理者是校园文化建设工作的决策者,对校园文化建设起到核心作用,高校党组织参与到校园文化建设管理工作中是必不可少的环节。高校党组织肩负着带领各基层组织的重任,其中,在党组织领导下的共青团组织也会根据其自身特点,紧跟党组织的发展脚步,协助党组织开展思想工作,与党组织一起构建校园文化建设。党团建设一体化可以确保校园文化建设的正确方向,促使社会主义核心价值观融入校园文化建设,培育和传播高校主流文化。其次,管理者对校园文化

建设工作的实施成果起决定性作用，管理者思想觉悟的高低决定了政策制定的对与错，管理者能力水平的高低决定了工作成效的优劣，提高管理者的思想水平和能力水平是校园文化建设工作的必要举措。最后，对教学部门和管理部门进行整合，共同推进校园文化建设。思想政治教学部门拥有众多具备扎实思想政治教育理论知识的专业教师，可以为校园文化建设工作提供专业的理论指导，但是教学部门缺乏实际管理经验。高校管理部门拥有丰富的管理实践经验，但是缺乏专业的理论知识进行工作指导。在校园文化建设工作中把教学部门和管理部门进行整合，吸纳更多的专业人士参与管理工作，增加部门之间的互动，把理论教学和实际管理相结合，取长补短，增强管理工作专业性的同时又提升了理论教学的实践性，两者统一于校园文化建设管理者的领导，共同推进校园文化建设。

整合理论课资源，丰富思想政治教育的内容。高校中的思想政治教育涉及政治思想、道德品质、心理素质、人际关系等多方面教育，其中思想政治理论课教育是高校思想政治教育的重要组成部分，也是高校对学生进行思想政治知识传输的主要方式。思想政治教育理论课对学生思想教育的重要性不言而喻。高校开展的思想政治教育理论课教学目的明确，教学内容丰富，教学计划完整，是一套成熟的教学体系，通过完整的教育体系把马克思主义学说植根于学生头脑，把中国特色社会主义理论融入学生生活。但这种传统的教育模式也存在时效性不强、与生活实际脱离的问题。自古以来的道德教育都强调，唯有促进本人的觉悟才能奏效，别无他途。片面的硬性灌输只会使学生产生逆反心理，无法造就独立思考、自我负责的人格。

2. 以社团组织为载体构建思想政治教育建设新格局

高校中的社团组织是进行校园文化活动的主要载体，以社团组织作为开展思想政治教育的载体，可以提高思想政治教育实践性，增强思想政治教育的活力，为校园文化活动注入正能量，优化校园活动内容，使校园文化活动内容不再肤浅空洞。第一，以社团组织为载体开展马克思主义学说传播活动。马克思主义理论是由马克思、恩格斯创立的，从辩证法和唯物论的角度出发研究事物发展的学说。马克思主义理论是我党的指导思想，我党的指导思想是对国家统治阶级观念的直接呈现，表明我党是唯物史观忠实的拥护者，也是马克思主义学说关于实现全人类彻底解放远大目标的坚定实践者，同时，我党更是马克思主义学说的发展者。马克思主义创始人认为："哲学把无产阶级当作自己的物质武器，同样，无产阶级也把哲学当作自己的精神武器，思想的闪电一旦彻底击中这块素朴的人民园地，德国人就会解放成为人。"思想政治教育作为国家传播主流思想的主要渠道，与马克思主义理论的关系密不可分，马克思主义理论规范了思想政治教育的发展方向、影响着思想政治教育的成效、带动着思想政治教育发展的脚步，高校中开展马克思主义理论的教育活动意义非凡。

世界进入新纪元，国际形势快速发展，人民生活变化日新月异。经济全球化促进国家经济的发展，改善了人民的生活水平，但是经济全球化带来的副作用也在制约着国家的发展。西方价值观念的渗透，阻碍着国家主流价值观形成；西方文化观念的传输，挑战着中华传统文化的地位；无形的意识形态、文化观念的熏染，威胁着我国对主流意识形态的传播、优秀传统文化的传扬，更加挑战了马克思主义的指导地位，降低人们对马克思主义的信服程度。科技时代的到来，人们的生活方式发生重大改变，科技延长人的生命，丰富人民的生活，互联网拉近了人与人的距离，开阔人的眼界，但网络世界鱼龙混杂，各色信息交织在一起，难辨优劣真伪。互联网对师生有极强的吸引力，也是一把双刃剑，第一个承受者就是高校师生，健康的信息可优化观念，劣质的信息会毒害思想。

开展马克思主义学说宣传活动主要从教育内容、教育手段、教育形式上展开。其一，传统的马克思主义理论教育以书面文字的形式进行，马克思主义理论中包含哲学部分，哲学内容相对深奥，书面文字不易理解，很大程度降低了学生对马克思主义理论的学习兴趣，减弱马克思主义理论对塑造思想的成效。"我们的理论是发展着的理论，而不是必须背得烂熟并机械地加以重复的教条[①]"。校园活动从生活角度出发，丰富教学内容，消化吸收理论中深奥的部分，结合生活中的真实案例，简化后传播给学生。其二，马克思主义的教育手段并不局限于单一的课堂传授，在校园生活中有多种方式适合进行马克思主义理论的传播。

①白显良．思想政治教育的马克思主义理论基础研究[M]．北京：人民出版社，2014.

把马克思主义的传播融入校园活动中,既可以制约校园活动的发展方向,又可以提高思想教育的实践性,扩大马克思主义理论的传播范围。信息时代带来了多媒体技术,运用多媒体技术把单一的文字转化为生动的画面,增强吸引力,丰富理论传播的形式。其三,传播马克思主义理论教育思想需要进行不断的创新,及时做出调整。马克思主义理论从发展的角度看问题,马克思主义的传播者也要带着发展的眼光进行马克思主义理论的传播工作。随着社会的发展,马克思主义的传播者要具备丰富发展马克思主义理论的观念意识,进行马克思主义理论教育思想的创新,从实际出发发展马克思主义,避免出现马克思主义教条化错误。

第二节 和谐文化与高校思想政治教育工作

一、和谐文化与高校思想政治教育的关联性

(一)和谐文化建设与思想政治教育目标一致

从目标的角度来看,和谐文化建设的目标更加宏观,更加具有长远的战略层面的意义和价值,其基础理念是提升国家的综合实力和文化软实力。思想政治教育是教育事业的一部分,其目标往往具有微观性的特点,具体来说就是提升人的素质,启迪人的觉悟,凝聚人心和智慧,调动社会成员投身改革开放和现代化建设的热情和积极性。和谐文化建设与思想政治教育的目标虽然在宏观与微观的视角上有所不同,但是,二者的最终目标是一致的,都是要将社会主义社会建设成为广大民众共同拥有、共同治理、共享成果的社会——和谐社会。如果没有宏观的方向和终极指引,微观上的努力与探索就很难有大的成效;反之,如果没有微观上一点一滴的努力和积累,宏观上建设和谐文化、构建和谐社会的战略就会成为空中楼阁。

如上所述,和谐文化是在构建社会主义和谐社会的背景下,以和谐为思想内核和价值取向,融理想信仰、思想观念、社会风尚、行为规范、制度体制等于一体的,并以倡导、传播、实施和谐理念为主要内容的一

种文化形态。在思想观念上和谐文化体现了人们对社会文化的认知及思考，对社会和谐目标的憧憬及追求。在实践中，和谐文化通过对广大民众的不断教育、影响和濡染，充分发挥和谐文化对社会发展中各要素的支配力和影响力，从而塑造、化育和完善广大民众的性格、道德情操和理想信念，不断增强社会文化影响力，为和谐社会建设提供内在的支撑力。

思想政治教育在本质上是教育，具有教育活动的一切本质特征和外在形式。而任何形式的教育事实上也都是文化发展、传播与传承的具体实践。因此，教育就是文化，既是文化的产物，也是文化的形式和手段，思想政治教育则是更具体的文化传承手段。就狭义的思想政治教育理论和实践而言，它所进行的一系列影响广大民众思想观念并使之发生变化的各项工作，都是在特定的文化背景下进行的，都依托特定的文化，立足于特定的文化根基，都是在引导社会成员特别是新生代认同和接受怎样的文化，批判和否定怎样的文化。孤立抽象的思想政治教育什么事情都不能做，什么事情都做不成。思想政治教育的目标、内容和形式手段等，都必须借助于文化，并通过多种多样的文化方式方法和各种文化活动的开展才能实现。因此，在建设和谐文化的视野下，思想政治教育要坚定广大社会成员的理想信念，提升社会整体的思想道德素质，增强社会成员的民主法治观念，培养社会成员的生态环境意识，从而建设一个人人安居乐业、守望相助、奉公守法、环境优美的和谐社会。这不论是从实践上还是从逻辑上，都是和谐文化的价值目标和追求，也是构建和谐社会所不可或缺的思想基础。由此可见，建设和谐社会同样也是思想政治教育的核心目标。

（二）和谐文化建设与思想政治教育载体互补

和谐文化建设与思想政治教育两者通过不同的载体相互协调，而且二者载体互补，从而在推进和谐社会建设中发挥着各自的作用。

和谐文化对于社会经济的协调发展，人与自然的和谐相处，广大民众间的团结和睦，乃至社会个体的心理和谐，都起着一定的支撑作用。建设和谐社会离不开和谐文化建设，和谐文化建设需要一定的载体。和谐文化建设的载体有传统的和现代的。远古社会的神话传说、社会习俗等，至今仍然在以传统文化的形式影响当代人的生活和思想观念。传统的以文字和纸张为媒介的文化形态，诸如小说、诗歌、戏剧、各种民间艺术等文学艺术作品，可以通过书面或口头形式在民间广泛传播，对社会善恶美丑真假的分辨，构成一个社会文化的基本导向，表明一个社会赞美什么、提倡什么、反对什么。这样的文化既是思想教育，也是政治教育。文化传播与社会的教育教化融为一体，文化与人的社会化过程融为一体，其特点就是潜移默化。

现代社会文化的媒介和途径手段越来越多样化和多元化，各种大众文化设施遍及社会的各个角落，深入人们日常社会生活的每一个领域。如各种通俗文化形态，丰富多样的大众文化作品，以及文化设施、文艺体育活动、传统节日活动等。现代文化的载体有报刊、广播、电视、网络等。在现代社会，一方面文化已经不是少数人和社会精英阶层所享有的特权和专利，而是普通社会成员日常生活的重要组成部分。另一方面，大众文化日趋通俗化，引导大众走向世俗化，失去了传统意义上的豪迈和激情。在这样的文化样态面前，建设和谐文化的一个重要课题就是如何实现传统的精英文化与大众文化的相互协调与相互补充。思想政治教育不是从简单的意义上去否定大众文化或者精英文化，在二者的谁是谁非面前做出裁决。思想政治教育面向大众，但并不属于大众文化的范畴。思想政治教育一般是由社会精英阶层来从事的事业和职业，但思想政治教育却从来不以精英文化自居和自诩，而是来自大众、服务大众、引导大众，提升大众的文化品位。我们一方面要挖掘大众文化中的高尚高雅内涵，为大众文化增添自信和自豪，另一方面要引导精英文化面向大众，扎根于大众丰厚的文化土壤之中，吸取文化的营养。思想政治教育就是大众文化与精英文化的桥梁，就是缩小大众文化与精英文化之间距离的杠杆①。

思想政治教育载体作为文化主客体之间联系的中介，是实现思想政治教育目标、任务的手段和形式。思想政治教育主客体的思想意识，都是通过思想政治教育载体来表现的。思想政治教育载体为思想政治教育主客体之间的相互作用提供了一个平台，成为思想政治教育的主

①卫汾梅.和谐文化视野下高校思想政治教育体系的构建[J].黑河学院学报，2019，10(9)：28-30，57.

客体之间相互联系的桥梁和纽带。

载体是提高思想政治教育的实效性、感染力和吸引力的增强剂。思想政治教育的载体也有传统与现代之不同。传统的载体包括文艺作品、宣传普及作品、谈话、学习、讲座、政治性节日活动等，现代的载体有报刊、广播、电视、网络等。

和谐文化建设与思想政治教育二者的载体不仅内容相似、存在互补，而且在形式上也通常共同借助一些社会活动，如国庆节、劳动节等节日以及一些志愿者活动等平台相互发挥作用，从而为推进和谐社会建设发挥积极的作用。

二、和谐文化建设视野中的思想政治教育研究

（一）和谐文化建设视野中的思想政治教育主要内容

1.和谐世界观

构建和谐社会，创造和谐世界，弘扬和谐文化，从根本上来说，必须首先确立和谐的世界观。按照马克思主义哲学的一般理解和解释，世界观是人们对生活在其中的世界以及人与世界的关系的总体看法和根本观点。人的世界观不是先天就有的，是来源于人的社会生产实践和社会生活体验。人类从诞生之日起，为了自身的生存和发展，就必须进行生产实践，并在改造自然和改造社会的实践中形成了人与人之间的各种社会关系。在实践过程中，人们逐渐形成了对世界以及人与世界关系的总体看法。马克思主义世界观是近代人类科学的世界观，它揭示了自然界、人类社会和人类思维发展的普遍规律，在实践的基础上达到了科学性和革命性的统一，是我们认识世界和改造世界的强大思想武器。人的世界观一旦形成，就会对人的实践活动产生巨大的影响。它往往直接或者间接影响、左右甚至决定人们观察问题、分析问题、处理问题、立身处世的基本态度，决定人们的人生观、政治观、道德观、法治观。正因为如此，在传统文化背景下，长期以来的思想政治教育始终关注对社会成员特别是对新生代的世界观教育。从教育者的主观目的和追求来看，期望受教育者能够形成科学的、正确的世界观，并且把这一点看成各个方面的人才所必须具备的、不可或缺的基本素质，是社会成员基本文化素养的内在体现。然而，当我们转换视角，在和谐文化建

设的视野中来观察和反思我们传统的世界观教育，就会发现，世界观教育仍然存在着很大的拓展空间和潜力。和谐世界观教育主要体现在以下两个方面：

第一，回归世界观教育的社会本性、人类本性和人本性。传统的世界观教育往往立足于阶级划分、阶级对立、阶级斗争框架之内的教育，在一定程度上忽略了世界观的个体个性特征和超越阶级对立的普遍倾向。世界观毕竟是人的世界观，人是以生命个体的形式生存和从事社会实践活动的。人是阶级的人，但人也是个体的人和社会的人。在人的世界观形成的过程中，除了阶级立场观点要产生一定的影响之外，个人的社会生活经历以及特定的文化环境都要发生作用。因此，在人的世界观构成结构中，非阶级的、个人的、社会的、文化的，环境的因素和要素都要发生影响和作用。

第二，回归世界观的多样性和多元性本性。传统的世界观教育立足于二元对立、非此即彼的认识论基础之上，往往是将多样态的世界观划分为唯物主义世界观、唯心主义世界观以及正确的世界观、错误的世界观，等等，其教育者的主观目的和追求是引导受教育者接受正确的世界观，抵制和抛弃错误的世界观。这样的世界观教育的主观意图和动机无可厚非，然而却忽略了世界观作为一种最普遍的文化现象，其形态必然是多元性和多样性的这一客观事实。社会生活的多样性、文化的多元性往往导致人在认识和理解世界的过程中自觉和不自觉地融入很多非理性的文化因素。对于那些非理性的文化要素，我们往往很难判断哪些是唯物主义的，哪些是唯心主义的，哪些是正确的，哪些是错误的。而世界观教育的主旨与核心也并非对社会成员所具有的世界观做出诊断与判断。即使有能力做出这样的判断和诊断，也很难按照教育者的主观目的和动机去改变具体社会成员业已形成的世界观，更何况世界观是隐含在人的日常生活言行背后的深层次的文化现象。世界观并不直接决定人的社会生活取向，世界观对人的实践的影响并不是直接和显性的。但多数社会成员世界观的整体取向对社会文化却往往会产生重要的影响。因此，在和谐文化建设的视野中，世界观教育要转向科学的普及，包括自然科学、技术科学的普及，更包括人文科学的普及。

2. 和谐人生观

人是世界和自然的一部分，是世界和自然界发展进化到一定阶段的产物。人的生命历程既是自然过程，更是社会过程。自然现象、社会现象与生命现象的融合与统一就是人生，而对这些现象所持有的根本看法往往构成特定的人生观。按照通常的逻辑，世界观决定人生观，人生观是世界观的重要组成部分，是人们在实践中形成的对于人生目的和意义的根本看法，它决定着人们实践活动的目标、人生道路的方向和对待人生的态度。人生观主要回答和解决的是“人生是什么”“人为什么活着”和“人应该怎样活着”等一些最基本的人生问题。由于人的经济生活状况、社会地位、文化背景以及经历阅历等方面的差异，对这些人生基本问题不可能产生整齐划一的答案。正视人生观基本问题表现上的多元性，包括人生观基本问题上的差异性，恰恰是和谐人生观教育的前提。

与传统的人生观教育强调整齐划一的目标模式不同，和谐人生观一般要面临以下几个方面的课题：一是人的生命过程与自然界、自然现象之间的关系和联系，对于人来自自然、超越自然和回归自然这一系列过程中所遇到的问题的理解和认识；二是生命个体与社会群体之间的关系，对于人与社会相互依存、互为存在的前提、互为发展的前提的关系的理解和认识；三是生命个体之间的关系，包括自我与非我、个人与他人之间关系的理解和认识。因此，人生观也是人的文化观，是社会生活中最普遍的文化现象。同时社会文化的价值取向也必然对人们的人生观产生影响。与世界观相比，人生观的社会文化色彩更浓厚一些，人生观与社会文化的关系也更密切和更直接一些。社会文化建设的任何价值取向都要对人生观和人生的价值取向产生深刻的影响。因此，在当代中国追求和谐文化建设的背景下，人生观以及人生观教育必然要有新的视野。

（二）和谐文化建设事业中的思想政治教育过程和规律

1. 和谐文化建设事业中的思想政治教育过程的特征

（1）社会性与政治性的统一

在和谐文化建设视野中，思想政治教育过程作为一种社会现象，总是在一定的社会历史条件和社会关系下进行的，总是要受到特定社会文化的制约，总是要适应一定社会发展的要求来培养社会所需要的成员。思想政治教育过程的根本目的是促进受教育者的政治社会化和道德社会化，并进而影响和推动社会的和谐发展。人的本质是一切现实社会关系的总和，受教育者的社会化实质上是要按照一定社会关系的要求，引导人们适应、掌握并内化反映这种社会关系的社会规范，自觉遵循社会关系和社会规范的要求，努力使自己融入社会，发展自己的社会本质，使自己成为社会所需要的成员。受教育者的社会化过程，就是不断减少人的自然性，增强人的社会性，把人由自然人转变为社会人的过程。所以，思想政治教育过程具有很强的社会性。在阶级社会里，思想政治教育促进受教育者社会化的过程，不能脱离一定的社会政治和生活环境，必然深深打上阶级的烙印。每个阶级总是力图按照自己的思想意志和道德规范来培养本阶级所需要的社会成员，以维护和实现本阶级的利益。任何思想政治教育过程都是统治阶级有目的、有组织、有计划地施加思想影响以实现思想统治和维护政治统治的过程。因此，思想政治教育过程具有社会性和政治性相统一的特征。

(2)实践性与导向性的统一

在和谐文化建设视野中，思想政治教育过程是以人为实践对象的特殊的社会实践活动过程，是以实现思想政治教育的对象化为实质内容的社会实践活动过程。也就是说，思想政治教育的实践过程就是把教育者所掌握的适应社会发展需求的教育要求和内容转化为受教育者思想政治素质的过程，这样，才能把思想政治教育的目的性通过思想政治教育的对象化在思想政治教育对象身上体现出来，才能展现思想政治教育的价值。如果只注重引导受教育者学习和掌握思想政治理论知识，而不注重把思想政治理论转化为受教育者的思想政治素质，不注重引导受教育者实践这些正确的科学理论，不注重思想政治教育的对象化，不注重思想政治教育过程的实践性，思想政治教育就会丧失自己存在的价值。

思想政治教育过程的实践性是思想政治教育的生命力所在。在思想政治教育过程中，受教育者思想政治素质结构的形成是在教育性活动和交往的基础上发生的一种心理活动过程，是一种文化内化的实践活动过程。实践是思想品德形成与发展的基础。在思想政治教育过程中，受教育者的思想道德认识需要社会实践活动加以验证，思想道德情感需要社会实践活动加以陶冶，思想道德意志需要社会实践活动加以锤炼，思想道德行为需要社会实践活动加以优化。思想政治教育过程中的实践活动是教育者与受教育者共同参与、双向互动的活动，既离不开教育者的组织、启发和引导，又离不开受教育者的认识、体验和践行。教育者的价值导向和受教育者自主建构是辩证的统一。但是，从教育过程和素质发展过程看，与思想政治品德形成过程比较，思想政治教育过程具有组织性和导向性。其中，教育者的价值导向是形成和发展受教育者思想政治素质的主导方面。因此，思想政治教育过程具有实践性和导向性相统一的特征。

2.和谐文化建设事业中的思想政治教育过程的规律

(1)内化与外化辩证统一规律

内化与外化辩证统一规律就是揭示思想政治教育内化与外化过程的内在思想矛盾运动和相互联系及其作用的规律。实际上，从和谐文化的视野来看，思想政治教育过程的阶段，就是教育者有目的、有计划、有组织地帮助和引导受教育者实现内化和外化，使受教育者形成和谐社会所期望的思想政治品德的过程。

内化就是受教育者真正接受社会发展所要求的思想、观念、规范，并将其纳入自己的态度体系，转化为自己的内在意识，成为支配和控制自己思想、情感、行为的内在力量的过程。内化的机理是复杂的，从总体上看是一个感受、分析、选择的过程。就感受而言，受教育者在社会实践中会接触到来自各方面的大量有关思想、政治和道德的信息，这些信息引起人们的感官反应，形成有关表象，这就是感受阶段。在此基础上，受教育者进一步分析和理解思想观点、价值观念、道德规范的内涵及其社会价值，形成新的思想政治认识，这就是分析阶段。在已经获得的新的思想政治认识的基础上，受教育者将社会要求的思想观念、政治观点、道德准则与自己原有的思想政治品德基础加以比较，进行判断、筛选和接纳，这就是选择阶段。在选择过程中，受教育者对符合自己原来思想政治品德结构特性的内容会予以同化、吸收，从而形成新的成分；对不符合自己原来思想政治品德结构特性的内容，则会在产生思想矛盾运动后，或者被吸收，或者被拒斥，或者被存疑。所以，选择是内化过程中最困难的一环。只有经过自觉的选择、消化、吸收，社会要求的思想政治品德才能在人的思想中扎下根来。

外化就是教育者帮助和引导受教育者将自己已经形成的思想政治品德认识转化为自己的思想政治品德行为，并养成良好的思想政治品德行为习惯的过程。要实现这一转化过程，首先，必须明确思想政治问题，引发思想动机，这是思想政治品德外化的开始。其次，在思想动机制约下，选择行为途径和形式，动机只有找到相应的行为方式，才能转化为行为，才会在正在形成的个人特性中发挥自己的作用。这是思想政治品德外化过程中不可忽视的一个重要环节。再次，在各种活动过程中，以实现动机外化为行为，并在行为的多次反复强化中变成习惯。行为习惯能在很大程度上全面、综合、客观地反映一个人的思想政治品德状况，所以，培养受教育者良好的行为习惯是思想政治教育的归宿，认识、情感和意志的培养最终都要落实到行为习惯上来。

在思想政治教育过程中，内化和外化是相互联系、辩证统一的。其一，它们是相互依存的。内化是外化的前提和基础，没有内化也就没有外化；外化是内化的目的和归宿，没有外化，内化也就失去了存在的实际意义。其二，它们是相互渗透的。内化中有外化，外化中也有内化。因此，要增强思想政治教育的和谐有效性，教育者在思想政治教育过程中，就必须遵循内化与外化辩证统一规律，努力帮助受教育者实现内化与外化的有机结合及其和谐发展。一方面，教育者要积极推进内化过程，坚持必要的正面灌输，帮助受教育者形成正确的思想政治品德认识，以便为外化过程奠定坚实的基础；另一方面，教育者又要善于引导外化过程，注重受教育者智力因素与非智力因素均衡发展，在思想政治教育过程中，不仅要晓之以理，还要通过各种形式引导受教育者陶冶情感、坚定信念、磨炼意志，创造机会和条件引导受教育者投身实践，促使他们的品德认识、情感、信念、意志和行为等心理因素保持方向上的一致性并获得均衡发展，激发他们产生崇高的行为动机，从而实现从思想政治品德认识到思想政治品德行为的转化。

(2)教育与自我教育辩证统一规律

教育与自我教育辩证统一规律就是揭示思想政治教育过程中教育

者的教育与受教育者的自我教育之间的联系及其和谐互动趋势的规律。在整个思想政治教育过程中，教育者的教育与受教育者的自我教育是同时并存、相互影响、相互作用的辩证统一。一方面，教育者的教育在思想政治教育中发挥着主导作用，是激发受教育者的自我教育的外部条件，是自我教育方向正确和效果强化的保证。没有教育者对受教育者的思想政治素质的激发和引导，受教育者的自我教育就不可能得到充分的体现，也就不可能形成自觉的思想政治教育过程。这说明，受教育者自我教育主体作用的体现，离不开教育者教育主导作用的发挥。另一方面，受教育者的自我教育在思想政治教育中又发挥着主体作用，是教育者的教育作用发挥的条件和保证。没有受教育者的自我教育主体作用的发挥，教育者所传授的思想政治教育内容就不可能为受教育者所真正认识和接受。这说明，教育者教育主导作用离不开受教育者自我教育主体作用的发挥。在此意义上可以说，没有自我教育，就没有真正的教育。因此，在和谐有效的思想政治教育过程中，教育者的教育与受教育者的自我教育是相辅相成、相得益彰、和谐互动、辩证统一的。

第三节　优秀传统文化与高校思想政治教育工作

一、传统文化与思想政治教育的融合

（一）传统文化与思想政治教育的融合存在的问题

虽然中国传统文化与思想政治教育相融合具有重要意义，但从现状来看，中国传统文化不论是在相关学术研究层面，还是在思想政治教育实践中都存在明显缺失的现象，将中国传统文化融入思想政治教育依然面临着许多现实的困难和问题。

中国传统文化与思想政治教育研究，是近年来思想政治教育学科创新发展的方向之一。目前学界对这一方向的相关研究主要集中在二者的内在关系、中国古代思想政治教育史、中国传统文化与社会主义核心价值体系等方面。从总体上看，学界在相关方面的学术研究使得中

国传统文化与思想政治教育研究逐步趋向成熟化、学理化，同时也有力地推动了思想政治教育理论的深化。但不可否认的是，当前的研究中也存在一些亟待解决的问题。

（二）中国高等教育发展过程中对中国传统文化的忽视

1. 中国传统文化在高校思想政治教育中的缺失

中华文明历经五千余年的发展，积累了厚重的文化底蕴，形成了以爱国主义为核心，自强宽厚、群体至上的民族精神以及崇德尚仁、和而不同、诚信求真、知行合一、开放融通等优秀的传统文化思想，影响着一代又一代中华儿女。将中国传统文化积极融入高校思想政治教育实践，对于推动高校思想政治教育工作与学科发展有着十分重要的意义。然而，目前我国很多高校思想政治教育中都缺少传统文化教育内容，只有少数高校开设了“中国传统文化概论”等涉及中国传统文化的选修课，而在大多数的高校的思想政治教育课堂里几乎找不到传统文化的影子。

不仅如此，目前在中国高校思想政治教育实践活动中，以中国传统文化为主题而展开的活动基本上处于随机开展的状态，既没有固定的时间安排，也没有形成固定的形式和要求；活动开展得好坏主要依赖思想政治教育工作者对中国传统文化的认知程度和重视程度，中国传统文化中许多优秀的教育资源没有被思想政治教育实践者很好地开发和利用起来，造成了教育资源的极大浪费。这也是导致中国传统文化在我国高校思想政治教育中缺失的重要因素。

2. 大学生的中国传统文化基础薄弱

中国传统文化是中华民族历经数千年积淀而形成并延续下来且保存相对完整的文化，对整个中华民族的发展具有重要作用。作为新时代的大学生，了解祖国辉煌灿烂的传统文化，有助于他们增强民族自信心和民族自豪感。不过，从相关大学生对中国传统文化认知状况的各种调查报告来看，目前我国大学生对中国传统文化的认知程度与接受程度不容乐观。此外，由于受应试教育、市场经济环境、西方价值观以及网络文化的影响，中国大学生的传统道德观念相对比较薄弱，他们中有相当一部分人往往追求个人主义、自由主义等，缺乏社会责任感和奉献精神。

二、传统文化与现代德育实践

(一)中华优秀传统文化与德育融合的必要性

1. 提高德育教育工作的实效性就要与优秀传统文化相融合

优秀传统文化的道德教育功能与德育工作的任务和要求具有一致性和内在统一性。因此需要将优秀传统文化寓于道德教育之中,增加道德教育教学的生动活泼性,并且在德育课程中使学生接受中国传统优秀文化。

2. 优秀传统文化与德育相融合,利于营造和谐的德育氛围

优秀传统文化是校园文化的重要组成部分。将传统文化渗透到校园文化生活中,学生从中得到理想激励,使学校发挥出德育引领作用,令学生在生活学习之余充分受到传统文化的熏陶,对学生道德教育产生积极的导向作用。

3. 优秀传统文化与德育相融合,提供德育工作的方法论

传统文化以"道德感化""合理感化"为主要内容,我国学校德育在不断发展中形成的"以道德教育为主,智力教育为辅"的教育模式,也是学校德育在新的历史时期想取得良好效果,可以借鉴的有效方法之一。

(二)传统文化与现代德育实践途径

1. 以校园文化为载体,进行传统文化与德育融合工作

校园文化对人的道德修养的影响是潜移默化的,不能实时看到作用,但是在长期的影响中,能够使学生的道德发生质变。校园文化想要起到事半功倍的效果,可以从以下几个方面努力:第一,硬件方面,可以充分发挥学校的硬件设施的作用,例如可以借助校园广播、板报设计、宣传栏等设施,充分发挥其作用宣传中华优秀传统文化,使学生达到"耳濡目染,不学以能"的目的。第二,软件方面,为了宣传普及优秀传统文化,可以举办相关主题的班会、校园文化节、演讲比赛、辩论赛等活动。

2. 提高教师的整体素质

发挥教师在教学活动中的文化引导作用提高教师的整体素质，包含两个方面内容：一是加强任课教师的传统文化知识储备，使其在教学过程中能够更好地实现德育课程与传统文化的有机结合，实现德育发展和文化传承的共赢局面。二是需要提高各科教师，特别是德育教育方面教师的传统文化素养。这样教师就可以在平时的授课中，将传统文化与德育教育相融合，让学生耳濡目染，达到提升德育水平的目的[①]。

3. 切实提高德育对人才培养工作重要性的认识

“百年大计，教育为本；教育大计，德育为本”[②]。可见德育在学校教育工作中的地位和重要性。德育决定学校教育的性质，社会主义社会的学校与资本主义社会学校的本质区别就在于德育的性质和内容。社会主义学校的德育，是用马克思主义的理论、立场和观点教育学生，培养无产阶级所需要的革命接班人，为无产阶级和广大人民服务。我国学校通过培养有理想、有道德、有文化、有纪律的社会主义建设人才，为社会主义政治经济制度服务。德育决定人才培养的质量，我国教育方针明确提出，要培养德、智、体、美、劳全面发展的社会主义合格建设者和可靠接班人，德育决定其他各育的发展方向，是实现教育目的的保证。通过加强德育，可以促进、推动人的全面发展，提高学校教育的质量。德育在提高全民族素质方面起着至关重要的作用。青少年是整个民族现实构成中的一个十分重要的组成部分，他们的素质如何关系到整个民族未来的素质。因此，我们必须高度重视德育。

①王燕茹. 中华优秀传统文化融入大学生思想政治教育的路径研究[D]. 长春：东北师范大学，2019：48-49.

②王惠. “百年大计，教育为本；教育大计，德育为本”[J]. 教师（上），2020（4）.

第七章　新媒体时代下高校思想政治教育工作创新研究

第一节　新媒体时代下优化高校思想政治教学内容和方法

在当今的全球化时代，新媒体在形式和内容上体现了高度的统一性。新媒体背景下的思想政治教育除了搭建新媒体平台、积极抢占宣传教育高地外，还必然涉及思想政治教育内容的建设，寻求当代视野下与大学生成长、发展密切相关的具有普适性、时代性和引领性的内容。

一、拓展思想政治教育的内容

（一）加强大学生科学素养的培养

科学素养是人才的基本素养，是其他素养产生和建立的基础。素养强调后天修习涵养的作用，即学习提高的重要性，加入人的能力结构的动态性。关于科学素养的内涵确定，直至今日也没有实现统一。经济合作与发展组织（OECD）认为："科学素养包括运用科学基本观点理解自然界并能做出相应决定的能力。科学素养还包括能够确认科学问题、使用证据、做出科学结论并就结论与他人进行交流的能力。"在世界范围内，由于人们接受教育的程度不同，社会信息的流动和接受程度不同，获得科学信息的手段和持续发展能力不同，人们的科学素养的内容和程度也有所不同。但是，总括起来，科学素养的内涵主要涉及以下三个部分：科学术语和科学基本观点、科学的探究过程、科学对个人和社会的影响。

科学基本素养包括科学基本词语和科学基本原理素养，这是科学素养的基础和范式表现，它在整个科学素养中发挥着基础作用和工具作用。其中，词语是科学素养概念的高度概括，它直接表示着科学素养内容的基础知识。掌握了科学素养词语，就等于在宏观的角度具有了科学素养。而且，由于词语是内容的浓缩，又是人们进一步提高科学素养的工具，离开了这个工具，就无法打开科学素养的知识大门，就无法构建科学素养的能力体系；原理是科学素养核心内容的高度概括，它直接宣示了科学素养的能力体系内容。掌握了原理，就掌握了科学素养的逻辑结构与核心精神，具备了科学素养的真正底蕴。因此，高校首先要注重对学生进行科学素养的基础知识教育，包括科学素养的基本概念、历史发展、基本理论以及逻辑工具知识的教育①。

除了科学基本素养外，科学伦理素养即科学道德素养也是今天我们必须关注的一个问题。科学伦理是指科技创新活动中人与社会、人与自然和人与人关系的思想与行为准则，它规定了科技工作者及其共同体应恪守的价值观念、社会责任和行为规范。科技伦理规范是观念和道德的规范。它要规范什么呢？简单地说，就是从观念和道德层面上规范人们从事科技活动的行为准则，其核心问题是使之不损害人类的生存条件（环境）和生命健康，保障人类的切身利益，促进人类社会的可持续发展。

随着社会的发展，科学技术的更新速度越来越快，在社会发展中所起到的作用也是越来越大，人们常说“科技是推动社会发展的第一生产力”，因而它也就承担着建设物质文明和精神文明的重要社会行为，这就使得科学技术必须承担社会责任和道德责任。从这点来说，在科技活动中遵守伦理规范是社会发展的需要，一切不符合伦理道德的科技活动必将遭到人们的异议、反对，被送上道德法庭甚至受到法律的制裁。因此，在科技发展和科技活动中，必须重视伦理规范，以弘扬科技的正面效益，遏制其负面影响，以便更好地为人类造福。

当我们运用马克思主义科学技术观和辩证唯物主义原理，分析科学技术与伦理道德之间的关系，我们看到两者之间既不是等同的，又不是相斥的，更不是不相干的。科学知识是对客观世界及其规律的正确反映，而道德作为人们的行为规范和准则，是对人与人之间伦理关系的反映。它们分属于不同的知识领域，因而社会作用不同。科学用于指导人们改造世界的实践活动，而道德用于调节人与人之间的社会关系。

①徐茂华.高校思想政治教育的时代主题[M].长春：东北师范大学出版社，2018：26-27.

但两者又是密切联系的，都是对客观实际的正确反映，统一于真善美的追求之中；科学技术与伦理道德也是辩证统一的，从根本上来说，科学技术的发展是人类社会发展的重要推动力，对于伦理道德的发展也是同样具有革命意义的推动力量，表现为科学技术的发展，决定了人类道德前进的基本趋势，促进了新的道德规范的形成，深化了人们的道德认识、更新了人们的道德观念等。同时进步的社会伦理道德，对科学技术的发展也发挥了重要的精神动力和文化支撑作用。两者相互制约、相互作用，推动社会向前发展。

（二）关注大学生信息素养的培养

将信息素养引入高校思想政治教育中，既适应了教育信息化的需要，又有利于克服大学生自身发展和思想政治教育本身的缺陷，是新媒体时代高校思想政治教育内容结构优化的一项重要内容。对大学生进行信息素养教育，就是要指导他们正确理解传媒及其信息，建设性地享用媒体传播资源，培养健康的媒介解读和批判能力，使其能够在多元的媒体环境中，充分合理利用网络资源完善自我、参与社会发展。

思想政治教师在讲授“网络生活中的道德要求”时，要强调三个方面的信息素养的教育内容：一是信息解读教育。思想政治教师要通过典型案例展示和剖析，让大学生学会分析、解读信息，理性辨别信息的真实性与社会现实性，获取有效信息，过滤无效信息和有害信息，不要盲目传播有害信息。二要加强网络法律素养教育。增强大学生的法律意识，恪守现有的法律法规，在网络交往中做到诚实无欺，不侮辱、诽谤他人，更不能参与违法活动，引导大学生成为一定范围内的“舆论领袖”和正面信息的传播者。三要加强信息伦理教育。网络的健康发展不仅需要高科技作为重要条件，而且离不开伦理道德作为其发展的支撑力量。思想政治教师要树立“把关人”的理念，为网络的净化、健康化担负起应尽的社会责任。

相关专家指出，信息时代下要构建信息伦理，必须在四个方面有所突破，这也是思想政治教师在课程教学中要努力做到的几个方面：一是提高公民的信息伦理意识；二是制定出清晰的信息伦理准则；三是超前预示各类信息伦理问题；四是进行信息立法，互补信息伦理。

二、突出政治教育的主导性内容

高校思想政治教育内容丰富，其中政治教育居于主导地位，起着决定和支配的作用，决定着思想政治教育的方向和性质，影响和制约着思想政治教育的其他内容，是思想政治教育的核心内容与灵魂。政治教育主要是进行政治理想、政治信念、政治方向、政治立场、政治观点、政治情感、政治方法、政治纪律等方面的教育，重点是解决对国家、阶级、社会制度等重大政治问题的立场和态度。政治教育体现了思想政治教育的根本属性，是教育的重要组成部分，它既为党的政治路线所制约，又为党的纲领、路线服务，具有鲜明的政治性。政治教育贯穿思想政治教育的始终，对思想政治教育过程和其他思想政治教育内容起指导和支配作用，指引思想政治教育沿着正确的方向发展。

当前，面对复杂的国际国内形势，我国高校思想政治教育工作面临的主要任务是，以政治教育为主导，加强社会主义、爱国主义和集体主义教育，帮助学生自觉树立正确的政治观，增强国家归属感和社会责任感。在对待坚持什么样的指导思想、举什么旗帜、走什么道路、依靠谁来领导等诸多政治问题上，真正“讲政治”，坚持中国特色社会主义不动摇。

旗帜决定方向，道路决定命运。中国共产党的旗帜是马克思主义，中国共产党的道路是中国特色社会主义，在党的十九大报告中，习近平总书记从中国特色社会主义进入新时代的战略高度强调“道路自信”。我国高校思想政治教育应引导学生以厚重的理论底气、高远的政治底气和豪壮的实践底气坚定道路自信；认识到中国特色社会主义道路是实现社会主义现代化的必由之路，是实现人民日益增长的美好生活需要的必由之路。

三、优化思想政治理论课教学内容

（一）强调社会主义核心价值观教育

价值观是人类在认识、改造自然和社会的过程中产生与发挥作用的。核心价值观承载着一个民族、一个国家的精神追求，体现着一个社会评判是非曲直的价值标准。社会主义核心价值观既是个人的德，也是国家、社会的大德。大学生积极培育和践行社会主义核心价值观，对于推动国家发展、社会进步和自身的成长成才，具有重要而深远的意义。具体来说，富强、民主、文明、和谐是国家层面的价值要求，回答了我们要建设什么样的国家的重大问题，揭示了当代中国在经济发展、政治文明、文化繁荣、社会进步等方面的价值目标，从国家层面标注了社会主义核心价值观的时代刻度；自由、平等、公正、法治是社会层面的价值要求，回答了我们要建设什么样的社会的重大问题，与国家治理体系的治理能力现代化的要求相契合，明确了每个社会成员应共同遵守和践行的价值标准；爱国、敬业、诚信、友善是公民层面的价值要求，回答了我们要培育什么样的公民的重大问题，涵盖了社会公德、职业道德、家庭美德、个人品德等方面。在教学过程中要准确把握基本内容、精神实质、重大意义和实践要求。

（二）加强大学生人文素养的培养

新媒体时代是一个信息膨胀的时代，新媒体的迅猛发展及快餐时代的到来，使传统的人伦关系和人际道德面临着非常严峻的挑战。就文化层面来看，在文化多样化的发展大趋势下，包括中国在内的各国传统文化的生存和发展都不同程度地受到了挑战，从而给文化素质教育的根基带来冲击。因此，优化新媒体时代高校思想政治教育内容结构，必须大力继承和弘扬中国思想道德教育的优良传统。

科学素养在改造客观世界方面是一支不可缺少的工具性力量，但是，它不能自动地发挥作用，必须通过其载体、通过活化的人，以目的性作为方式作用于客观世界。因此，人们如何去发展科学、运作科学就变得十分重要了。人们在树立科学素养的同时，还要建立良性的人文科学。

我们需要的人才是德智体美劳全面和谐发展的人才，具有创新精神且能与时俱进的人才，他们应该是科学素养和人文素养得以充分且均衡发展、具有专业技术和完善人格的人，而一个没有人文素养的“科技人”，不仅不会给人类带来福祉，反而有可能带来祸害。从这个意义上讲，越是科技发达的社会，人文教育就越显得重要。因此，高校教育必须是人文精神与科学精神高度结合的教育，二者缺一不可，这是现代教育的真谛所在。

(三)加强公民道德教育

高校道德教育是我国高等教育中提高大学生综合素质的一项基础性工程,也是我国大学生道德教育的基础性内容,是加强和改进大学生思想政治教育的主要任务之一。道德素质是民族精神的重要内容,道德水平是社会文明程度的重要标志,高尚的道德是凝聚和激励全国各族人民团结奋斗的重要力量。一名合格的大学生,必须具备良好的道德情操和道德修养,能够自觉遵守道德规范,进行道德自律。这是大学生适应社会的基本要求,是大学生自我发展和完善的客观需要,也是大学生成长为中国特色社会主义事业建设者和接班人的必然要求。

大学生所处的年龄段正是世界观、人生观、价值观形成的重要时期,也是良好的道德品质、行为习惯和健全人格形成的重要时期。在这个时期形成的思想道德观念对他们一生的影响很大。以基本道德规范为基础,深入进行公民道德教育,对于帮助和促进大学生形成良好的道德素质和道德修养具有重要的意义。

要引导大学生认真学习贯彻《公民道德建设实施纲要》,广泛开展社会公德、职业道德和家庭美德教育,积极开展道德实践活动,把道德实践活动融入大学生学习生活之中,引导大学生自觉遵守爱国守法、明礼诚信、团结友善、勤俭自强、敬业奉献的基本道德规范,养成良好的道德品质和文明行为。

要加强对大学生进行为人民服务思想的教育,深化对为人民服务思想的认识,积极探讨为人民服务的实现形式,从大学生的现实思想觉悟和实际道德水平出发,教育、引导大学生不断追求更高的道德目标。

要引导大学生深刻领会集体主义精神,正确认识和处理集体和个人的利益关系,提倡个人利益服从集体利益、局部利益服从整体利益、当前利益服从长远利益,把个人的理想与奋斗融入广大人民的共同理想和奋斗之中,在为社会奉献中体现自己的价值。

要加强法治教育和诚信教育,增强大学生的法律意识和守信意识,提高大学生守法守规的自觉性,认识到诚实守信的品德是立身之本、做人之道,树立守信为荣、失信可耻的道德观念,讲诚信,讲道德,言必信,行必果。

在大学生中深入进行以基本道德规范为基础的公民道德教育,必须充分发挥学校道德教育主阵地的作用。高校要把教书与育人紧密结合起来，把道德教育渗透到学校教育各个环节；要结合大学生的年龄特点和文化层次，开展丰富多彩的学习教育活动和社会实践活动，使大学生在社会实践中形成道德理念，强化道德素质，升华道德境界；要引导大学生遵守日常行为规范，从身边的事情做起，从具体的事情做起，着力培养良好的道德品质和文明行为。

（四）进行心理健康教育

心理健康教育是根据学生生理、心理发展的规律和特点，运用心理学的教育方法和手段，培养学生良好的心理素质，促进学生整体素质全面提高的教育。高校心理健康教育是对学生进行有关心理健康方面的知识性教育、咨询性教育和良好的行为训练，主要目的在于培养学生良好的心理素质，提高他们的身心健康水平，培养学生坚韧不拔的意志、艰苦奋斗的精神，增强青少年适应社会生活的能力，促进大学生全面和谐地发展。将心理健康教育纳入我国高校思想政治教育的内容，是我国高校思想政治教育改革的时代要求和现代社会发展的历史需求。现阶段我国高校心理教育的重点应放在进行心理健康教育和指导，提高受教育者的心理健康素质，使受教育者形成良好的个性、健全的人格、健康的情感、乐观的心态、坚强的意志，特别是要增强受教育者在激烈的竞争中勇于进取、不怕挫折、自强自立、艰苦创业的意志品质和能力等。

（五）对大学生进行中华民族优秀传统文化的教育

党的十八大以来，习近平总书记多次论述中华优秀传统文化的思想内涵、道德精髓、现代价值和传承理念，形成了系统的传统文化观。在优秀传统文化的价值定位上，他强调"优秀传统文化是一个国家、一个民族传承和发展的根本，如果丢掉了，就割断了精神命脉"，指出"中华优秀传统文化是中华民族的精神命脉，中华传统美德是中华文化精髓，蕴含着丰富的思想道德资源"。

中华民族有着悠久的历史文化，形成了源远流长的优良道德传统和精神传承，认真研究中华民族优秀传统文化和吸取传统伦理观念中的合理因素，建立符合时代要求的伦理观念、道德规范和社会秩序，这些对于培养大学生的人文素养具有重要的作用。

四、构建思想政治理论课专题化教学模式

在大学生思想政治教育中，思想政治课是主渠道，专题化教学有利于教学内容的整合，有利于教材体系向教学体系转变，有利于教学资源的优化配置，从而提高教学感染力、吸引力、实效性以及针对性。在应用的过程中应注意归纳教学目标，整合教学内容，设计教学方法，改革考核评价机制。

所谓专题教学法，一般是指任课教师在遵守课程教学计划的前提下，打破章节的限制，按照逻辑关系与内在思想来整合、充实、概括以及提炼教学内容，把教学内容按照一定的标准形成相互独立又先后连接的系列性专题，然后分成若干步把每个部分视为一个独立的专题来进行备课和授课的教学方法，属于一种集中而深入的思想政治教学模式。

（一）思想政治课中实施专题化教学的意义

高校思想政治理论课承担着对大学生进行系统的马克思主义理论教育的任务，是对大学生进行思想政治教育的主渠道。大学生正处于人生观、价值观形成的关键时期和重要阶段，青年的价值取向决定了未来整个社会的价值取向，而青年又处在价值观形成和确立的时期，抓好这一时期的价值观养成十分重要。

专题化教学法的特点在于，它是在立足于教材和学科要点的前提下，重构教材内容和改革教学方法，针对学生的思想实际、时政热点、社会现实问题和学科前沿，进行理论联系实际的专题性讲解。这种方式突出了思想政治理论课的要求和特点，既有利于学生从总体上把握马克思主义理论体系，又有助于任课教师转变教学理念和方式，促进教师教学与科研相结合，最大限度地调动学生学习积极性。这与2013年8月19日，习近平总书记在全国宣传思想工作会议上的讲话精神高度契合，习近平总书记指出："意识形态工作是党的一项极端重要的工作。""提高质量和水平，把握好时、度、效，增强吸引力和感染力。""抓好理念创新、手段创新、基层工作创新。"可见，提高和改进思想政治理论课的教育教学，不仅需要设置科学的课程方案，还需要方法论层面上的理论指导，更需要联系实践教学的实证研究。

（二）思想政治课中实施专题化教学的可能性和可行性

1. 构建专题式教学法有利于整合教学资源

高等学校的思想政治理论课是高中政治课的延伸，内容上是相互衔接的，但是我们也发现有一些内容是重叠的，为此就应注意处理好与高中已学内容知识交叉部分的讲授，防止学生产生大学思想政治理论课就是高中课程的重复的思想，从而产生厌学心理。专题式教学是解决这一问题的很好途径。专题设计紧密结合大学生特点，以问题为导向、以关注社会问题为特点，同时要求教师要打破教材体系，从纵横两个方面整合课程内容，这样才符合大学生思想具有社会性、认知具有能动性的特点。与此同时我们发现高校思想政治理论课之间也存在知识的重合。例如，“思想道德修养与法律基础”中有关于核心价值观的内容，而在“毛泽东思想和中国特色社会主义理论体系概论”中也有相关的表述，专题式教学可以根据教材体系，挖掘教材内容之间的逻辑联系，对学生进行有针对性的思想政治理论教学，在不同课程的重合内容设置不同的专题，既有效确立不同课程对同一内容的不同要求，又凸显不同课程对不同层次学生的不同要求。

2. 构建专题式教学法有利于教材体系向教学体系转化

高校思想政治理论课教材具有高度压缩、表述抽象、理论性强和跨度较大等特点，尤其是“毛泽东思想和中国特色社会主义理论体系概论”，如果仅仅按照课本内容照本宣科，忽略教学时数、学生层次、院校特点等因素的影响，很难达到教学效果。因此，在实际教学中教师应熟知教科书的逻辑体系，在此基础上打破章节的限制，对教材进行必要的“二度创作”，形成内容上具有相对独立性、主题突出而鲜明的若干教学专题。

3. 构建专题式教学法有利于教师资源的优化配置

从教师个人角度来说，应注意教师资源的优化配置。每个人都是不同的个体，家庭环境、学校教育、社会影响和个性特征的不同决定了每一个人迥然不同的思维方式、说话方式和行为方式，对于教师来说也就形成了不同的讲授风格。教师根据自己的特点选择不同的专题，这样可以把每一位教师的特长和个性充分体现出来，课程具有了个性特征，才更容易打动学生。

从专业知识的角度来说，应注重教师的优化配置。思想政治教育课程涵盖的知识面极广，涉及政治学、经济学、历史学等多学科的知识，这对于原来分别以哲学、政治经济学、科学社会主义和历史学为学科背景和知识结构的思想政治理论课教师来说，无疑具有一定难度。专题式教学将教师从现有的教学任务繁重、“一人一讲到底”式的教学模式中解放出来，个人只需完成所负责的教学专题，这也就意味着一位教师一个学期只准备一个或两个专题，备课时间充足，甚至可以弥补教师本人在某一学科领域的不足。只有这样教师才有可能把相关问题讲精、讲透彻。因此，专题式教学是解决教师知识结构与教材的理论结构矛盾的有效手段。

（三）新媒体时代思想政治理论课专题教学模式构建的基本思路

1. 利用新媒体，打造思想政治理论课专题教学平台

新媒体教学比传统教学具有更大的吸引力和优势。因此，在思想政治理论课的专题教学中，任课教师应该引用更多的新媒体技术和网络信息，打造多层次、多维度、覆盖广的网络专题教学平台，以适应新媒体时代的发展。首先，每个思想政治理论课教师都要建立自己的网络平台，通过微博、QQ、微信等新媒体工具与学生即时交流，有效沟通。其次，每所高校的思想政治理论课教学管理部门要积极推进思想政治理论课二级网站建设，及时上传教学的相关资料，包括教学大纲、教案、课件等，也可以开设微信教学平台，让学生及时发布“微言微语”，进一步反馈教学内容，真正形成“多媒体+网络+专题”的教学方式。

2. 利用新媒体，整合思想政治理论课专题的教学内容

在思想政治理论课专题教学的过程中，任课教师要以提高教育教学质量为核心，为学生设定专题的主要问题，树立问题导向，提升育人的实效性；同时，教师要利用新媒体等网络教学平台，提供足够的教学辅助资料，每个专题都有各自的内容，而且专题之间相互联系，融为一体。学生能够通过网络教学平台查询网络资源，丰富自己的知识面，深化对专题内容的理解。教师不仅可以利用新媒体开设专题讨论平台，

为学生提供相关的教学案例，引导学生的思考方向，也可以在课堂上，为学生提供自我展示的机会。一般情况下，高校的思想政治理论课程都是大班教学，学生人数比较多。教师可以通过分组安排学生讨论，每个小组发言之后，小组之间还要相互点评。这样不但可以活跃课堂气氛，还可以提升学生的思维和表达能力，进而提升教学的实效性。

3. 利用新媒体，实施思想政治理论课讨论式专题教学

任课教师依据每个专题的教学实际情况，提出教学内容中的难点、重点及热点问题，将这些问题布置给学生。学生可以先在课下分组查找相关资料和案例，并讨论这些问题，内容可以涉及经济、政治、文化、历史等各个方面，真正将理论知识与现实充分结合。在课上，每个小组的学生可以通过PPT的形式，进行汇报，分享自己的讨论成果。教师根据学生汇报的情况进行总结，可以结合目前国内外发展的热点，从多个角度和层面进行梳理和分析，给学生正确的引导。通过实施讨论式的专题教学，可以充分调动学生学习的积极性、主动性，以达到教学目的。讨论式专题教学可以深化扩展教学内容，获得更好的教学效果，加强师生之间、学生之间的交流和互动，也有利于学生参与科研，开阔学术视野。

五、探索微课的开发和应用

随着社会的发展和网络信息技术的日新月异，高校思想政治理论课的育人环境发生了巨大的变化。微课以其自身优势，适应了学习者碎片化、移动化的新趋势。在这种背景下，寻求微课资源建设的问题，探索微课建设的途径、方式和方法等，能够有效发挥微课在高校思想政治理论课教学中所起的作用。

高校思想政治理论课承担着“立德树人”的根本任务，随着信息时代、微时代的到来，大学生的生活和学习环境发生了巨大的变化。慕课、网络公开课等网络学习平台出现，学生在各种场合只要借助移动数据端设备就能随时学习，而不仅仅局限于课堂上。而微博、微信则加强了教师与学生线上与线下的交流，甚至有些微信公众号可以实现教学辅助和管理的功能。微课的出现，可以满足不同学生的不同需要。因此，思想政治理论课要适应社会发展，适时开发优质微课，引领青年大

学生的价值取向和舆论导向。

(一)新媒体时代开发思想政治理论课微课的可能性

微课与传统意义上的课堂不一样。它具有主题突出,指向明确;资源多样,情景真实;短小精悍,用途广泛;交互性强,使用方便等典型特征。而且微课的核心是微视频,有声音、有图像,有简洁、美观、动态的PPT,还有或简或繁的视频剪辑与后期制作,这些都增强了视频的观看效果,更能吸引学生的视线与听觉,让学生驻足。

微课时间比较短,每一个视频都针对一个特定的问题,具有较强的针对性,其常常围绕某一个知识点进行形象、生动、透彻的讲解,内容是多种多样的。但微课的讲授绝不是把各个知识点进行简单的割裂,相反它会在每门课程各个模块内部和不同模块之间形成层次清晰的关联结构。在这个关联结构中教育者把学生的兴趣和日常教学活动中常见的问题作为出发点,结合思想政治理论课中的知识点(重点、难点),结合教学目标(知识目标、能力目标、素质目标),根据课堂教学中的具体教学环节,通过精心设计、反复锤炼,开发形成微课,从而满足不同学生的学习需求,开阔学习视野,提升学习能力。

相对于传统的课程教学来说,由于微课是网络视频,而且时间较短,因而可以实现随时随地在线观看教学视频和查阅教学资料的需要;也可以将其下载保存到终端设备上,使学习者的学习时间更加灵活。微课丰富了教学形式,化解了教学难题,提高了学生的自我管理和学习能力,有利于提高学生思考问题和解决问题的能力。

除了知识的传授,教师还可以通过网络互动平台及时了解学生的学习状况与需求,并与其进行交流。教师也可以通过布置作业型微课,让同学通过微课的方式把自己针对某一问题的理解展示出来,还可以鼓励同学把学习中的疑问制作成微课,上传到网络平台中让同学们共同思考,让学生成为问题的提出者,与此同时也是问题的解决者。微课以全新的模式改变了传统的教育方式、学习方式,教学针对性强,实效性强,能在一定程度上解决思想政治理论课教学变革中存在的一些问题。

（二）新媒体时代开发与应用思想政治理论课微课的方法和路径

1. 加大宣传力度，提高对微课的认同感

微课作为一种新兴事物，要广泛应用到思想政治理论课程中。首先，学校应做好培训学习工作，通过讲解让教师知道什么是微课，它有什么样的特点和优势，可以给自己的课堂带来哪些变化。通过现场演示，让教师充分体验到新的教学模式怎样弥补传统教学的不足，如何让自己的课堂变得高效，只有这样才能最终获得教师的认可。其次，鼓励教师参加各级别的微课大赛，在比赛中相互学习、相互借鉴，加大对优秀成果的表彰、鼓励和宣传，以此推动更多的人了解、支持、使用微课。

2. 加强微课资源开发，开展培训，组建团队

微课的开发是一个较为复杂的系统工程，一般要经过宣传鼓励、技术培训、选题设计、课例拍摄、后期加工、在线报送、审核发布、评价反馈等环节，才能确保其质量。因此，无论是从保证微课开发质量来说还是从教师的个人精力来说，这绝非教师个人能够完成的。首先，必须加强团队意识，思想政治理论课教师要以教研室为单位进行微课的选题与开发，在注重单个知识点的把握的同时，要宏观把握课程的完整性、系统性。其次，要注意不同部门的协同合作，微课的后期制作需要专业的人员，相关专业教师可以提供技术上的支持，这对于提高微课的质量非常重要。最后，学校对于微课的开发要给予必要的支持和保障，专业的设备和人员、专业的拍摄场地以及在微课开发过程中的经费支持，这也是微课在开发和应用过程中不可缺少的部分。

3. 拓展微课类型，加强思想政治理论课中微课与实践活动的融合

由于现代教育教学理论的不断发展，教学方法和手段的不断创新，微课类型在教学实践中不断发展和完善。随着虚拟技术的发展，势必影响到微课的呈现方式，而思想政治理论课教师可以尝试将虚拟技术与微课相融合，把其应用于实践教学中。例如，在思想政治理论实践教学中，井冈山爱国主义教育基地是所有教师和学生应该去参观和学习的地方，但是因为距离、时间、经费和人员协调等问题，导致这一实践活

动不能开展，如果将两者融合，同学们就可以在移动客户端感受这种红色的主题教育。

第二节 新媒体时代下开拓高校思想政治理论课实践教学新模式

一、思想政治理论课实践教学的形式

实践教学的形式是落实实践教学内容的途径和手段，如果没有实践教学形式，那么再好的实践教学内容都不能实现。思想政治理论课的实践教学活动很多，形式也很丰富，学者们对此做了大量有益的探索，具体有以下几种观点：

（一）两位一体实践教学模式

有学者认为，目前的实践教学形式主要有体验型和研究型两种类型。体验型实践教学主要是利用地方特色的物力资源，即具有思想政治教育功能的设施、设备和环境，包括自然体验和社会体验，使学生零距离了解中国的国史国情。研究型实践教学利用的主要是知识型教学资源，如经典著作、传记和论文等，锤炼的是学生的分析研究能力及团队协作精神。

（二）三位一体实践教学模式

有学者认为，按照思想政治理论课实践教学的内涵，其实践教学的一般形式应包括社会实践、课堂实践和科研实践三种最基本、最主要的形式。其中，社会实践贴近社会生活，课堂实践方便学生参与，科研实践训练学生运用理论分析问题、解决问题的能力，三者相互补充、相互促进，共同构成思想政治理论课实践教学的大系统。

还有的学者认为，思想政治理论课实践教学包括课堂实践教学、校园实践教学和社会实践教学三种重要形式。其中，课堂实践教学是主体，校园实践教学是重要补充，社会实践教学是重要环节①。

---

①许建宝.微时代背景下的高校思想政治教育[M].长春：东北师范大学出版社，2017：39-40.

（三）四位一体实践教学模式

有学者认为，思想政治理论课实践教学是寓“教”于“行”的教学过程和教学方法，通过“基地教育、社会实践、案例教学、研究实践”等多样性的实践教学形式达到全方位、立体化的教育教学效果。

有的学者根据实践教学开展的空间地点，采取的形式、方法和手段的不同，将思想政治理论课的教学划分为四大类，即社会实践类的实践教学、语言表达类的实践教学、音像图书类的实践教学、第二课堂类的实践教学。

也有的学者从可操作性的角度出发，将思想政治理论课的实践教学分为如下几类：通过自愿式的课中调研活动引导学生参加实践教学；通过规定性的课后调研活动要求学生完成实践任务；通过以点带面式的实践活动鼓励学生参加实践教学；通过常规性的课堂实践保障学生广泛参与实践教学。

（四）五位一体实践教学模式

有学者认为，具体教学形式的创新是实现思想政治理论课实践教学创新的关键。顺应新时代的要求，实践教学形式可以归为以下几类：感知性实践教学形式，如参观革命历史纪念遗址、新农村建设、高新技术开发区等，进行革命传统教育和爱国主义教育。内化性实践教学形式，如观看影视资料及小组讨论、学习交流等。探索性实践教学形式，如主题研究、社会调查、时政简评等。体验式实践教学形式，如模拟法庭、学生红色文艺会演、学生授课比赛以及课件制作比赛等活动。合力性实践教学形式，即发挥学工、团委、二级学院等各方力量，共同实施思想政治理论课的实践教学。

（五）六位一体实践教学模式

有学者认为，思想政治理论课实践教学的形式主要包括基地教育、社会实践、案例教学、阅读实践、校园文化、研究实践六大基本类型。每一种教学形式所发挥的教育功能各不相同，体现了教学形式的多样性与层次性。

二、思想政治理论课实践教学的现状和问题

实践证明，大学生在广阔的社会大舞台上，既把课堂中所学的书本知识运用于社会实践，又在社会实践中得到了书本里和课堂上得不到的知识；同时，在实践教学环节中，学生学习了大量的社会实践知识和技能，提高了创新能力，并从中受到了最为切实有效、生动活泼的思想政治教育，取得了很好的效果。但从总体上看，目前各高校的思想政治教育实践教学还没有形成普遍的、行之有效的运作模式，实践教学还存在很多问题，由于受学生数量多、组织难度大，以及经费、安全、时间、空间等方面的制约，高校思想政治理论课的规范化建设也还存在一些困难和问题，需要认真研究并加以解决。

第一，实践教学理念欠先进。一些院校在实施思想政治理论课实践教学时，忽视时代发展、环境变迁和大学生个体需要，教学理念陈旧，缺乏前瞻，存在墨守成规的倾向。

第二，实践教学内容缺乏整合。高校思想政治理论课由五门课程组成，任课教师分属不同教研室，实践教学活动各自开展，缺乏统筹安排和合理规划。

第三，实践教学主题不鲜明。一些高校将专业实践、暑期社会实践与思想政治理论课实践教学混同，或者为了完成实践任务而进行一些与思想政治教学内容不相关联或关联性不强的实践活动，缺乏针对性和有效性。

第四，实践教学方式简单。一些高校对于如何选择合适的实践教学方式，如何实施具体的实践教学活动研究不深入，对于实践教学环节设计不合理。

第五，实践教学保障机制乏力。

三、新媒体时代下思想政治理论实践教学创新发展的突破点

虚拟现实（Virtual Reality，VR）作为一种综合计算机图形技术、多媒体技术、传感器技术、人机交互技术、网络技术、立体显示技术以及仿真技术等多种科学技术而发展起来的计算机领域的新技术，目前所涉及的研究应用领域已经包括军事、医学、心理学、教育、科研、商业等。VR

技术已经被公认为是21世纪重要的发展学科以及影响人们生活的重要技术之一。虚拟现实是利用电脑模拟产生一个三维空间的虚拟世界，提供给使用者关于视觉、听觉、触觉等感官的模拟，让使用者如同身临其境一般，可以及时、没有限制地观察三度空间内的事物。虚拟现实技术作为一种新的技术，主要有三个特性，分别是沉浸性、交互性和构想性。

第一，沉浸性，是指利用计算机产生的三维立体图像，让人置身于一种虚拟环境中，就像在真实的客观世界中一样，能给人一种身临其境的感觉。

第二，交互性，在计算机生成的这种虚拟环境中，人们可以利用一些传感设备进行交互，感觉就像是在真实客观世界中一样，如当用户用手去抓取虚拟环境中的物体时，手就有握东西的感觉，而且可以感觉到物体的重量。

第三，构想性，虚拟环境可使用户沉浸其中并且获取新的知识，提高感性和理性认识，从而使用户深化概念和萌发新的联想，因而可以说虚拟现实可以启发人的创造性思维。

基于虚拟技术的上述特点，探讨新媒体环境视域下实践教学的新形态虚拟实践教学，通过新媒体环境中平等自由的互动方式、便捷高速的信息传递、形象逼真的情景模拟，实现新媒体环境与思想政治理论课实践教学的有机结合，这对于思想政治理论课教学范式的推进，受教育者在虚拟环境自主性和创造性的张扬，具有深远的意义。

（一）虚拟实践教学的必要性及优势

虚拟实践教学作为一种新型的实践教学模式，其产生很大程度上缘于当前高校思想政治理论课教学出现了瓶颈障碍，然而相对传统的实践教学模式，虚拟实践教学有着自身独特的优势。

1.有利于化解思想政治理论课面临的教学危机

近年来，高校思想政治理论课出现严重的教学危机已是无可争议的事实。思想政治理论课课堂上认真听课者寥寥无几，其余则是“沉默的大多数”，虚拟现实技术能够全方位调动学习者的视觉、听觉、触觉、嗅觉、味觉等，实现身心感受的联结，增强学习者的感受力。有研究者指出,虚拟现实技术在教育领域应用的潜力源于其在激发学习动机、增强学习体验、创设心理沉浸感、实现情境学习和知识迁移等方面的优势,因而通过虚拟技术的运用可以在一定程度上化解这种危机。首先,虚拟技术的运用可以实现思想政治理论课由“教师为中心”向“学生为中心”的转变。虚拟现实技术在教育领域的应用,使得教学不再是简单的“我讲你听”,而是要充分发挥学生的积极性,变被动学习为主动学习,变单向传递为双向互动,把主要用“心”学习变为“身心”并用。其次,教学手段由相对单一向丰富多样发展。虚拟现实技术的出现使得教学手段更加丰富多样,能给学生提供直观、形象的多重感官刺激,让学生观察到在现实生活中不能观察到的事物。借助虚拟现实技术,思想政治理论课教学可以对无法到达的场地和过往的历史事件进行仿真,借助视觉、听觉、触觉等信息的共同作用形成新的教学模式。

通过使用虚拟技术吸引大学生的注意力,增强他们的情感体验,增强他们对党的战略决策与施政纲要的理解和认同,这是高校思想政治教育者必须面对且亟待解决的紧迫课题。虚拟实践教学依托互联网技术,通过文字、图片、音像、网络生成具有视觉、听觉的一体化的虚拟教学环境,让学生在赏心悦目的画面中,领会思想政治理论课的主旨义涵,从而增进对中国特色社会主义制度与道路的自信。

2. 有利于将思想政治理论课实践教学落到实处

实践教学是提升思想政治理论课教学品质的基本环节,是大学生接触某个事物、认知某种观念的重要方式。思想政治教育离不开知识传授与理论讲解,更需要大学生通过实践来增进亲身体验和直观感受。多数高校思想政治理论课采用大班教学,实践教学的组织和管理确实比较麻烦。即便有些高校开展了课外实践教学,也暴露出许多薄弱环节,如组织管理缺乏规范性、实践方案缺少针对性、指导教师没有主导性、实践过程存在安全隐患等。教育部近年来明确要求各高校思想政治理论教学部门设立实践教学基地,然而由于诸种条件的局限,鲜有高校带领全体学生前往实践基地开展实践教学。虚拟实践教学凭借互联网技术而营造的虚拟化教学环境,能够解决传统实践教学受场地、交通、经费、人力、管理等条件限制的问题。通过互联网技术,可以在线仿真实践场所,创设虚拟实践情景,让大学生有身临其境之感,从而达到实践教学的目的。

(二)虚拟实践教学与传统实践教学的区别

思想政治课虚拟实践教学,是传统实践教学的拓展和深化,它开辟了新的空间、拓展了新的形式,将实践教学引入了一个网上实践与网下实践、现实实践与虚拟实践交互影响、良性互动的新境界。其活动展开的空间是网络世界、虚拟空间;其活动的展开和完成需要实践主体具备一定的电脑操作技术和能力;其成果的呈现不再是传统的纸质形式,而是寓时效性、思想性和艺术性于一体的多媒体作品。

新媒体环境下实践教学所形成的新型主客体关系与传统思想政治理论课实践教学环境下的教育关系相比,已然呈现出全新的特点。

1.情境建构性

在新媒体环境下的实践教学中,思想政治教育者与受教育者之间新型主客体关系,只有处于特定情境之中才能得以建构,网络空间中教育者与受教育者的现实人格、身份与角色都以虚拟数字化形式存在,教育主客体关系的构建必须在具体的虚拟情境之下,从而不再受到现实地位和身份的制约。因此,我们应当根据新媒体环境下实践教学的时空场域因地因时地认识和处理教育关系。在虚拟情境中,虚拟主体间的交往呈现自由广泛、平等自主等特点,这完全建立在交往主体自觉自愿的基础之上,并且在虚拟情境的交往中,由于不受现实世界中利益关系的约束,这种教育交往关系是非功利性的情感与信息交流,即虚拟主体可以不受任何制约地交流和对话,只要双方或多方接纳与承认,交往就可以延续下去。这是一种基于感情交流的关系,维系虚拟情境中教育关系的是思想与情感,而非地位或身份。

2.动态应答性

新媒体环境下实践教学中,只有当教育者提供传送的信息得到受教育者的应答、接纳与认同时,教育主客体关系才实际地建立起来了,如果受教育者并未积极主动地回应教育者发出的教育资讯,那么教育关系则尚未实际地建立起来。同时虚拟实践教学环境中的教育主客体关系并非固定不变的,信息流动的即时性、信息选择的自由化以及虚拟环境中身份的隐匿性使思想政治教育者与受教育者之间的关系处于动态变化中，思想政治教育者与受教育者分别担负着信息引导主体与信息追随客体的角色，相互影响、相互作用乃至相互转化，促使新媒体环境下的教育关系处于演变发展的状态。

虚拟实践教学作为一种特殊的教育教学活动，在本质上它依然有着鲜明的价值指向性与目标指向性。虚拟实践教学活动虽然是将实践活动从现实生活世界拓展至虚拟世界，然而它的本质属性并未产生变化。在新媒体环境下依然存在着教育主体和教育客体的关系。虽然新媒体环境下的思想政治理论课实践教学活动是虚拟主体之间的交往互动，但是这种交往互动在信息传播交流过程中仍然存在差异。这种差异致使虚拟主体间构成了主动引导一方，相对于被动追随一方，即两者形成了主体间性①（即交互主体性）的新型主客体关系。

虚拟实践教学活动中教育关系的新特点，要求我们革新传统的教育理念，科学把握“教育者主导”的精神实质，发挥受教育者的主体能动性和教育者的主导作用，转变传统的“教育者中心”的教育思想，转变以说教为主的单向灌输式教育手段。教育者可以基于新媒体信息交流传播的机制，以音频、视频、音乐、文字、图片等综合多元表现形式通过生动的语言、绚丽多姿的画面设置教育情境，使受教育者在不受时空限制的空间中畅所欲言地表达自己对社会和校园现象的看法，探索客观外部世界的本质规律，构建一个教育主客体自由交流的互动平台。教育者要认识到虚拟实践教学活动是教育者和受教育者之间的主体活动，在思想政治教育活动中，思想政治教育者与教育对象的主体间的活动主要表现为思想政治教育者与教育对象之间以基于对共同的思想政治教育内容的认识而进行的相互交流、相互影响的活动，缺乏主体性，思想政治教育者与教育对象对思想政治教育内容的认识不可能达到应有的深度，在这样的基础上，他们之间的交流同样不可能是深刻的、积极的。所以，在虚拟实践教学活动中，教育者需要尊重受教育者的人格和思想，以平等的姿态与受教育者开展精神的碰撞、心灵的沟通和情感的倾诉，达到教学相长的理想境界。

①刘笑侃．主体间性思想政治教育探微[J]．佳木斯职业学院学报，2020(5)：30-31.

（三）思想政治理论课虚拟实践教学的主要特征

1.超越传统思想政治理论课教学环境下的实践教学

虚拟实践教学是主体按照一定目的在虚拟空间使用数字化手段进行双向对象化的感性生活。即时通信技术以其广泛的应用给当代受教育者的生活带来了颠覆性变革，虚拟实践教学的开展可以延伸现实实践教学空间，不受时间和空间的限制，拓展思想政治理论课实践教学活动的平台。在虚拟空间中，受教育者不仅可以逼真地再现现实生活世界，同时也可以创造具有吸引力和感染力的虚拟环境。

2.能够在一定程度上化解现实实践教学困境

在现实环境下的实践教学面临着众多难题，导致实践教学低效化甚至无效化，虚拟实践教学以其独特的途径和方式可以在一定程度上化解这些难题。在思想政治理论课实践教学视域下，时间、空间和经费等困扰传统实践教学的问题已然不再称其为“问题”，在不受时空、经费等因素限制的新媒体环境中，受教育者与教育者可以共处于广阔的实践环境下，开展心与心的交流、思想与思想的沟通，达到视界的相融与精神的共享。

四、思想政治理论课虚拟实践教学开展的设计思路

（一）紧扣时代发展要求

新媒体在思想政治理论课实践教学应用中，无论是教学内容的确定，还是教学手段的使用都应体现时代气息，把握社会发展脉搏，从而激发学生的学习热情，启发学生自觉思考，增强教育教学实效性。例如，可以利用党的十九大召开的时机，结合思想政治理论课教材相关章节，以网络论坛、微博为平台开展实践教学，引导学生对十九大精神进行深入分析和解读，指引他们自觉肩负起建设社会主义文化强国的重任，坚定走中国特色社会主义道路的信念。

（二）贴近学生实际情况

思想政治理论课作为一门面向全校学生开设的课程，其教学设计需要根据学生的具体情况，开展有针对性的实践教学活动，使新媒体的运用既满足学生基本需求又满足特殊需要。实施时按照不同学生所学

专业、思想政治素质、成长背景采取相应教学载体。对于公共管理学院、外国语学院的学生,主要采取课件制作、多媒体展示的方式;针对计算机学院、电子信息学院的学生,则可以指导他们进行教学网站设计。

(三)拓展实践体验形式

新媒体为思想政治理论课实践教学提供了丰富的教学资源,教育者应当善于挖掘现代传播技术中潜在的教学机会,通过新媒体为学生搭建形式多样、新颖有趣的实践平台。例如,针对即时发生的社会道德和法律现象,教育者可以指导学生开展热点追踪的实践活动,利用即时通信技术或移动互联网搜索对最新素材进行探讨;对于已经形成论文集或著作的重要理论和实践问题,则可以采取研究式教学,以主题博客或论坛为载体展开网上课题研究,带领学生拓展对道德和法律问题思考的深度。

(四)完善考核制度

构建形式多样、双向反馈和实施规范的实践教学考评制度。首先,信息反馈的双向性。学生要把虚拟实践过程中的相关信息及时传递给指导教师,以便指导教师及时指导;指导教师要把对学生虚拟实践教学活动的考核结果及时反馈给学生,使学生对自己的实践能力有一个较为客观的认识。其次,考评制度的规范性。把学生在平时实践教学活动中的表现加以量化,并作为学生期末相关课程总评成绩的重要组成部分。同时对学生的校外毕业实习活动进行学分制管理,并将该学分作为审核学生毕业资格的重要依据。

围绕思想政治理论课教材内容和教学要求,教育者自己首先要利用新媒体搜索资料,结合党和国家的最新路线方针政策及时搜集教学范例,确定运用互联网等技术开展实践教学的章节和课时,从而拟订实践教学方案。思想政治理论课实践教学的方案包括教学背景材料、教学目的、教学载体运用、具体操作环节、预期效果、考核形式。实践教学实施过程中教育者牢牢把握教学目标对学生予以指导,培养学生运用信息技术践行道德和法律意识的能力。最后完成对学生参与实践教学成效的考核以及对指导教师教学的评价。

第三节　构建完善的高校思想政治教育新媒体平台

伴随着多媒体的发展，一些高校在利用网络开展思想政治教育方面已做了初步的探索和尝试。吸取以往的经验，加强和创新思想政治教育网站建设。一方面，把握好前期网站定位、内容调研工作；另一方面，在建设过程中能够集思广益，广泛听取大学生和长期从事学生思想教育骨干工作者的意见，让集中反映校园文化风貌、展示大学生主体风采和马克思主义理论宣教平台的官网发挥效用，受人欢迎。提高用户体验度关键在于网站的内容质量和优质的网络资源，为了达到这样的目标需要在如下三个方面入手：

一、完善校园思想政治教育主题网站建设

目前，我国大部分高校都已建立思想政治教育主题网站，但仍有部分思想政治教育工作者对目前网站的完善程度感到担忧，如在主题网站的内容、形式建设等方面仍然存在一系列不足。因此，当前大学生思想政治教育主题网站亟待更新与建设，以切实发挥思想政治教育主题网站的教育作用。

第一，高校有关部门及相关人员应转变观念，主动顺应新媒体发展趋势，将新媒体技术优势与大学生思想政治教育主题网站建设有机结合，以发挥二者合力作用。此外，要落实好对高校师生关于思想政治教育主题网站建设之益处的普及工作，以此有效提升主题网站在全校师生中的关注度与普及度，切实保证大学生思想政治教育主题网站发挥教育作用，实现教育效果①。

第二，要注重思想政治教育主题网站主题的深刻性、立场的鲜明性与表达的具体性。思想政治教育主题网站的育人目的决定了其必须坚持马克思主义的指导地位，必须坚定马克思主义的鲜明立场，必须坚守中国特色社会主义的前进方向。同时，思想政治教育工作者要注重将中华优秀传统文化、党和国家的方针政策、社会主义核心价值观等科学

①杨小玉.高校创新创业视阈下的学生思想政治教育探究[J].科技资讯，2020，18(8)：223−224.

内容作为网站建设的根本底色，以其经久不衰的巨大魅力吸引大学生群体主动关注。

第三，思想政治教育主题网站的内容要注重客观性与认同感。面对新媒体虚拟空间的繁杂信息，大学生思想政治教育内容必须树立权威。因此，思想政治教育主题网站的内容选取应慎之又慎，需同时具备思想性、时效性与易读性。思想政治教育工作者应着力关注和选取能够对大学生思想走势、心理意识和精神境界产生积极性影响的信息内容，并结合大学生的普遍困惑点对其进行进一步整理、解答与公布。在这一过程中，不仅能够展现出大学生思想政治教育工作者的理论专业度，而且有利于提升大学生对于教育工作者本身及网站内容的认同感与理解度。

第四，思想政治教育主题网站的表现形式要注重灵活性、多样性与互动性。灵活性是指思想政治教育主题网站的设计要在突出马克思主义鲜明旗帜的同时，也要将大学生群体的实际操作是否便捷等情况纳入考虑。多样性是指网站内容的表现形式可以不限制于较为单一的文字、图片。新媒体的发展推进了视频技术、音频制作技术的普及与多种教育资源的流通，大学生思想政治教育工作者应对此进行深入研究，提升网站内容表现形式的多样化，增强其趣味性。互动性是指思想政治教育主题网站的建设要注重利用新媒体的交互性，将单向灌输式教育转换为互动型教育模式，有针对性地解答大学生群体普遍的思想困惑，进而提升思想政治教育主题网站的权威性与魅力值。

第五，组建一支思想政治教育工作者与新媒体技术精通者相结合的队伍对主题网站进行管理。一方面，高校思想政治教育工作者拥有专业的理论知识、正确的政治观点、丰富的教学经验，在网站内容的选取方面能够提供更具专业性与前沿性的建议，并能够对大学生提出的思想疑问、政治困惑等进行合理科学的解答；另一方面，熟悉新媒体技术的相关人员，在思想政治教育主题网站的建设、运营及更新等方面具有专业的技术优势，对视频、音频的制作流程等较为熟练，能够对思想政治教育主题网站的良性运转提供技术帮助。因此，将两者有机结合共同对思想政治教育主题网站的日常运营进行管理，既能保证网站内容的准确性、时效性，也能在技术上实现多重选择。

二、充分利用新媒体交流平台，加强教育的渗透性

（一）要利用QQ聊天功能实现个别化教育

1.利用QQ交流，缩短师生距离

很多大学生对于教师有着一种天然的恐惧心理，在学习生活之中，只要听说是老师找谈话，就会产生莫名的紧张情绪，认为是自己犯了错误，害怕会受到批评。虽然思想政治教育教师开展了很多次的师生交流谈话，可是收效甚微。广大思想政治教育工作者要善于利用学生普遍使用的QQ工具与学生进行交流。腾讯QQ为交流双方搭建起了一个虚拟的交流平台，虽然是在网络两端，但能形成一种面对面交流的形式，给人一种轻松、自由的感觉。教师通过QQ软件与学生交流时，可以取一个虚拟的聊天名字，设定一个活泼的QQ头像，用轻松的语言营造一种自由平等的聊天氛围，并且可以利用丰富有趣的QQ表情来活跃气氛，改变自己平时严肃的形象。师生之间利用腾讯QQ这一流行于学生之间的交流方式，会使得学生感觉是在与朋友谈话，这种身份上的平等感觉无疑会促使彼此袒露内心真实的想法，更加有利于教师掌握大学生的思想动态，更好地帮助他们解决生活、学习和思想上的问题，实现良好的教育效果。

2.打破时空限制

大学教育与中小学教育不同，学生在完成规定课程的同时，可以根据自己的学习爱好选修不同的课程，获取到不同的知识信息，也会因此而产生不同的思想观念。此外，由于大学生存在性格特点和情感经历上的差异，因而他们对待事物的看法也不尽相同，要有效推进大学生思想政治教育，必须针对不同学生开展个别化教育。但由于大学生要完成学习的科目很多，并要参加各种学校活动和社会活动，教师也要面临科研与教学的工作压力，师生之间见面的机会也比较少，利用网络通信系统进行师生之间的交流显得尤为有效。在新媒体时代，教师和学生之间利用腾讯QQ进行交流，不会受到空间的限制，不论师生各自在什么地方，只要能够登录QQ软件，就能在线交流。即使是学生不在线的情况下，教师也可以通过离线的方式给学生留言。此外教师还可以通

过QQ的传输功能,将一些优秀的学习材料传输给学生,分享知识。

(二)借助微博拓展高校思想政治教育的新途径

1. 正确认识微博

微博的快速发展使得人们拥有了空前的话语权,信息可以在很短的时间内进行广泛传播,这样就导致人们对舆论控制能力的下降。各种社会舆论、意识形态、思想观念都会给大学生造成影响。广大思想政治教育工作者一定要重视微博的作用和影响,认真对待微博。

2. 积极开通微博,科学使用微博

一方面,可以利用微博对学生进行正面的引导,发挥意见领袖的作用,通过一些信息的发布传播正能量;另一方面,思想政治教育工作者也要意识到微博在信息传播的过程中,由于缺乏有效的监管,容易产生网络谣言,传播虚假信息,给学生的身心造成负面的影响,要及时把握学生思想动态,将问题消灭在萌芽中。

(三)利用微信公众平台发挥隐形教育的作用

微信在大学生群体中受众广泛,是微信发挥在思想政治课教学中隐性教育优势的基础。微信沟通及时高效的特点,发挥了微信在思想政治课教学中隐性教育优势的主渠道作用。微信的文字聊天功能、语音聊天功能、图片和视频等的上传功能使得微信的信息传播具有即时性的特点,突破了传统思想政治教育的时空界限,只要教师和学生在微信里加为好友,无论教师和学生距离多么遥远,只要有网络的场所都可以实现随时随地、畅通无阻的交流。微信即时性的特点可以帮助教师利用这一特征适时与学生沟通、交流,帮助学生答疑解惑。还可以借助微信平台通过编辑或转发积极向上、可读性、趣味性强的微文,借助网络舆情的正能量,传播主流意识形态、核心价值观,消除大学生对传统思想政治教育的抵触心理。通过长时间彼此的交流与关注,可以消除教师和学生之间的壁垒,加深和优化两者之间的关系,提升师生互动的深度和广度。最终促使思想政治教师借助微信这一平台使隐性的思想政治教育的效果发挥得更深入和直接。

拓展微信相关应用,巩固和提高微信在思想政治课教学中隐性教

育作用。微信不仅可以传播信息、交流互动，还可以成为调查问卷的一个电子网络平台。电子问卷主要是借助计算机平台进行数据的收集和统计，但是在学校范围内有电脑的学生毕竟是少数，而且电脑的使用也受到一定的限制。相比之下手机要方便很多，这就使得学生可以在短时间内完成调查问卷，教师可以借助手机这个平台直观地查看问卷结果。通过这一功能教师可以更全面地了解学生的思想动态，以此为依据确立系统化的教学内容、教学方法和教学手段，通过营造轻松愉悦的教学氛围，加强与学生的交流，在娓娓道来中满足学生对一些社会问题的关注，使思想政治理论课真正达到学生的需要。与此同时教师还可以开发微信的网上互动答题系统，实时检验学生自己学习的情况，教师也可以掌握学生对于一些重要知识点的掌握情况。

三、借助微媒体助力大学生思想政治教育

随着新媒体技术的一再更新，致使以精、小、短信息为主要特征的微媒体逐渐融入了人们的生活。微媒体作为新媒体发展的最新成果，主要是指以微博、微电影、微小说、微信、微电台等为代表的“微”事物形成的媒介矩阵。相较于传统媒体，微媒体具有以下显著特性：一是微媒体所承载的信息多呈现微、短、精的特点，有利于引起大范围用户的关注与锁定；二是微媒体界面清晰、操作简单，能够使不同年龄段、不同领域人群的操作得心应手。对于大学生思想政治教育来说，微媒体在信息时代启发了思想政治教育平台扩展的思路，有利于拉近教育主体与教育客体的心理与认知距离，对大学生思想政治教育实际效果的提升意义重大。要想借助微媒体优势特点为大学生思想政治教育开展提供便利，应做到以下几点：

第一，大学生思想政治教育工作者应保持对微媒体的关注与探讨，注重发挥微媒体的文化熏陶功能。文化氛围为微媒体营造了良好的背景环境，先进文化的繁荣发展在一定程度上促进了微媒体的普及与流行，而微媒体的普及也促进了优质文化的宣传，同时也使思想政治教育工作者坚定了运用微媒体加强和改进大学生思想政治教育的信心。目前，面对微媒体环境，大学生思想政治教育工作者应正确认识和掌握流行于大学生群体中间的微博功能，并有意识地将大学生思想政治教育

的平台拓展到微媒体环境中,通过把握新媒体时代下微媒体运转的普遍规律,进而对二者灵活结合的有效途径加以思考和探索。通过开设专题研讨会、教师小组课题项目及大学生征文比赛等文化活动来共同探讨微媒体与大学生思想政治教育结合之对策建议。通过以上方式,对新形势下的微媒体存在的弊端问题进行客观分析,延伸优势,改正缺点,将研究成果进行系统整理,进而从理论与实践双维度预测、探讨其实际运用的效果性等。另外,大学生思想政治教育工作者应定期与友谊高校的微媒体运营社团及其主管人员就微媒体运用经验等方面进行沟通交流,记录其发展轨迹,掌握真正行之有效的实践方法,从而发挥微媒体的文化宣传与熏陶功能,以此推动微媒体环境下高校学生思想政治教育的发展进步,为拓展高校学生思想政治教育平台提供现实性指导等。

第二,微媒体运营应坚持以思想政治教育的方向为指导,发挥自身的引导功能。微媒体种类繁多,其中微博作为微媒体的重要代表,在聚集社会各领域人群、收集各类舆论等方面作用显著。微博的链状传播功能致使微博平台形成了一个庞大的用户集团及信息工厂。如此一来,微博平台在一段时间内可以聚集各类人群所自由发布及转发的多种言论,导致其成为舆论聚集的高地。倘若微博运营人员对此现象疏于管理,将会严重混淆使用微博的大学生的思想观念立场,影响大学生的行为方式,进而造成严重后果。另外,微媒体信息虽呈现零碎化态势,但仍具有一定的思想引导功能。因此,应特别注重借助微博红人、微博话题、微博热门新闻等重要板块弘扬思想政治教育相关理论及精神,紧扣时代脉搏,结合时代特点,力求在潜移默化中发挥微媒体育人效果,从而进一步实现微媒体平台的良性发展。

参考文献

一、期刊

[1]范巧，项肖.新时代高校学生思想政治教育的创新发展路径[J].中国冶金教育，2020(3)：92-94.

[2]李婧雯，李超越.马克思人的全面发展理论与大学生思想政治教育[J].现代交际，2020(3)：140+139.

[3]林海峰.论高校校区学生思想政治教育工作的思路创新[J].中国多媒体与网络教学学报(中旬刊)，2020(8)：67-69.

[4]王欢.新时代高校思想政治教育内容创新研究[J].长春师范大学学报，2020，39(11)：13-17.

[5]王微.人的全面发展理论对思想政治教育教学方式的创新探究[J].公关世界，2020(24)：172-173.

[6]卫汾梅.和谐文化视野下高校思想政治教育体系的构建[J].黑河学院学报，2019，10(9)：28-30+57.

[7]谢爱林，徐玉莲，王新想.改革开放以来高校思想政治教育范式转换与发展[J].教育学术月刊，2020(5)：54-59.

[8]杨小玉.高校创新创业视阈下的学生思想政治教育探究[J].科技资讯，2020，18(8)：223-224.

[9]曾齐放.互联网思维下高校学生思想政治教育工作创新研究[J].老字号品牌营销，2020(6)：107-108.

[10]张攀攀.加强和改进高校思想政治教育工作研究[J].才智，2020(5)：17.

二、图书

[1]黄春雷，赵旭，王强.高校学生社区思想政治教育与管理[M].北京：中国石化出版社，2018:64-65.

[2]林国旗.当代高校学生思想政治教育理论创新与研究[M].长春：吉林大学出版社，2018:32-33.

[3]祁明，江鸿波.高校内涵建设背景下的学生思想政治教育发展[M].上海：同济大学出版社，2019:17-18.

[4]王东，陈先.新时期高校思想政治教育理论与实践[M].北京：九州出版社，

2019:101-102.

[5]王楠.大学生思想政治教育创新研究[M].延吉:延边大学出版社,2017:74-75.

[6]吴琼.高校思想政治教育范式转换研究[M].北京:北京交通大学出版社,2016:31-32.

[7]奚冬梅,胡飒.高校思想政治教育教学与实践研究[M].北京:光明日报出版社,2018:47-48.

[8]徐茂华.高校思想政治教育的时代主题[M].长春:东北师范大学出版社,2018:26-27.

[9]许建宝.微时代背景下的高校思想政治教育[M].长春:东北师范大学出版社,2017:39-40.

[10]燕连福.大学生思想政治教育范式转换研究[M].北京:光明日报出版社,2013:17-18.

三、学位论文

[1]曹恒刚.马克思主义人的全面发展理论与大学生思想政治教育研究[D].合肥:安徽农业大学,2013:28-29.

[2]冯娅楠."微时代"高校思想政治教育话语创新研究[D].兰州:兰州理工大学,2019:17-18.

[3]康玉.以学生为本的高校思想政治教育模式研究[D].大庆:东北石油大学,2012:32-33.

[4]刘冬敏.高校学生社区思想政治教育队伍建设研究[D].大连:大连理工大学,2009:18.

[5]毛爽盈.高校网络思想政治教育方式创新研究[D].景德镇:景德镇陶瓷学院,2015:37-38.

[6]孙婷.大学文化视域下高校学生思想政治教育创新研究[D].哈尔滨:黑龙江大学,2013:41-42.

[7]王春霞.论高校学生思想政治教育方法的创新[D].重庆:西南大学,2005:19-20.

[8]王琦.思想政治教育视域下高校校园文化生态优化研究[D].哈尔滨:哈尔滨师范大学,2020:35-36.

[9]王燕茹.中华优秀传统文化融入大学生思想政治教育的路径研究[D].长春:东北师范大学,2019:48-49.

[10]徐芳.构建以学生为主体的高校思想政治教育模式研究[D].西安:长安大学,2007:43-44.